U0165221

酒瘾

人们为何饮酒，人们如何改变

Why People Drink;
How People Change

A Guide to Alcohol and People's Motivation for Drinking It

［英］迈尔斯·考克斯（W. Miles Cox）　著
［美］埃里克·克林格（Eric Klinger）

黄明贵　译

中国科学技术出版社
·北　京·

First published in English under the title
Why People Drink; How People Change: A Guide to Alcohol and People's Motivation for
Drinking It
by W. Miles Cox and Eric Klinger, edition: 1
Copyright © The Editor(s) (if applicable) and The Author(s), under exclusive license to
Springer Nature Switzerland AG, 2022 *
This edition has been translated and published under licence from
Springer Nature Switzerland AG.
Springer Nature Switzerland AG takes no responsibility and shall not be made liable for
the accuracy of the translation.
The simplified Chinese translation copyright by China Science and Technology Press Co., Ltd.

北京市版权局著作权合同登记　图字：01-2023-2236。

图书在版编目（CIP）数据

　　酒瘾：人们为何饮酒，人们如何改变 /（英）迈尔
斯·考克斯（Miles Cox），（美）埃里克·克林格（Eric Klinger）著；黄明贵译 . —
北京：中国科学技术出版社，2023.6
　　书名原文：Why People Drink; How People Change
: A Guide to Alcohol and People's Motivation for
Drinking It
　　ISBN 978-7-5046-9936-7

　　Ⅰ . ①酒… Ⅱ . ①迈… ②埃… ③黄… Ⅲ . ①戒酒
Ⅳ . ① C913.8

中国国家版本馆 CIP 数据核字（2023）第 032342 号

策划编辑	刘　畅　屈昕雨	责任编辑	刘　畅
封面设计	今亮新声	版式设计	蚂蚁设计
责任校对	邓雪梅	责任印制	李晓霖

出　　版	中国科学技术出版社
发　　行	中国科学技术出版社有限公司发行部
地　　址	北京市海淀区中关村南大街 16 号
邮　　编	100081
发行电话	010-62173865
传　　真	010-62173081
网　　址	http://www.cspbooks.com.cn

开　　本	880mm×1230mm　1/32
字　　数	121 千字
印　　张	7.25
版　　次	2023 年 6 月第 1 版
印　　次	2023 年 6 月第 1 次印刷
印　　刷	河北鹏润印刷有限公司
书　　号	ISBN 978-7-5046-9936-7/C·232
定　　价	69.00 元

（凡购买本社图书，如有缺页、倒页、脱页者，本社发行部负责调换）

序
Preface

在20世纪70年代，酒精等精神活性物质被全社会广泛使用；在美国，酒长期被当作休闲饮料。为了解决酒精成瘾相关的问题，美国成立了国家酒精滥用与酒精中毒研究所（National Institute on Alcohol Abuse and Alcoholism，简称NIAAA），并开始提供博士后奖学金，用于培养酒精和酗酒方面的研究人才，迈尔斯·考克斯是这项奖学金的首批获得者之一。在20世纪70年代末期，明尼苏达州为了响应这一巨大社会需求，向全州所有高校提供了资助，以建立药物信息办公室。为此，明尼苏达大学莫里斯分校也开设了这样一个机构，并开始招聘新的教职工，负责提供并运营相关的课程。心理学教授埃里克·克林格时任该校心理学系主任，参与了对新教职员工的面试。迈尔斯·考克斯是1978年的首批申请者之一，他有酒精方面的研究背景。在克林格教授的同意下，明尼苏达大学莫里斯分校聘用了迈尔斯·考克斯。

事实上，早在三年前的 1975 年，克林格就在著名的《心理学评论》（*Psychological Review*）期刊上发表了一篇题为《承诺激励和脱离激励的影响》（*Consequences of Commitment to and Disengagement from Incentives*）的文章。这篇文章围绕情绪、激励和目标，提出了一种动机理论，并阐述了该理论对饮酒和其他物质使用研究的影响。两年后，克林格在 1977 年出版的《意义与虚无：生活的动机与内心体验》（*Meaning and Void: Inner Experience and the Incentives in People's Lives*）中详细阐述了这一理论，他在该书第七章《改变信息系统》中，介绍了这个理论如何解释精神活性物质对人们生活的影响。考克斯研读了上述这些文章和图书，并将里面的理论观点整合到了他自己的观点中。

这开启了克林格与考克斯的一项长达 40 多年的非常富有成果的研究合作，这项研究旨在了解人们为什么饮酒，以及饮酒对人们生活的影响。虽然考克斯教授在 1985 年离开了明尼苏达大学进入美国退伍军人管理局（U.S. Veterans Administration）担任研究员，并于 1996 年开始在英国威尔士的班戈大学（Bangor University）担任教授，但他们的合作仍在继续，并极大地促进了很有应用前景的酗酒问题治疗方法的发展。很显然，这影响了菲尔德（Field）对饮酒问题的见解。在 20 世纪 90 年代，他们的合作推动了动机评估方法的发展，正如本书第 1 章和第 7 章所述，他们开发了广泛使用的饮酒动机评估量表。在《意义与虚无》之后，1988年考克斯和克林格在著名的《变态心理学杂志》（*Journal of Abnormal Psychology*）上发表了一篇题为《饮酒的动机模型》（*A Motivational Model of Alcohol Use*）的文章，使他们关于饮酒动机的理论得到了广泛关注。从那以后，考克斯和克林格陆续发表了多篇论文对这一理论进行了更新和完善。但根据谷歌学术的统计，截至 2021 年 9 月，仅他们 1988 年发表的这篇文章就被 1797 份其他出版物引用。

人们对这一理论仍然保持关注。根据谷歌学术的统计，截至 2021 年 9 月，发表于 2011 年的关于这一理论的文章已经被 215 份其他出版物引用。这一理论得到了人们的高度认可和接受，它构成了本书的框架。我们之前出版的关于这一理论的图书，是为心理学、精神病学和相关领域的专业同道以及师生撰写的。书中对该理论的许多解释过于学术，这削弱了对业余读者的可读性。现在你手上拿的这本书，介绍了

酒瘾:
人们为何饮酒，人们如何改变

关于饮酒问题的最新研究，以及我们关于饮酒动机的最新理论。这本书的语言通俗易懂，非常适合各种知识背景的读者。

迈尔斯·考克斯，于英国格温内思郡班戈镇

埃里克·克林格，于美国明尼苏达州莫里斯镇

目录
Contents

第 1 章

饮酒的核心动机

　　纵观世界各地，饮酒现象在生活中很普遍。根据最近的一项调查，在 18 岁及以上的美国人中，有 85.6% 的人说他们在生命中的某个时候喝过酒，其中 54.9% 的人说他们在过去的一个月内喝过酒。根据世界各地的报告，很多国家的饮酒率甚至比美国还高。

酒为何物?

　　酒精的化学名称是乙醇，这是一种简单的化学物质，由碳、氧和氢三种原子组成。摄入适量乙醇，可以引起人们的愉悦感，还可以缓解紧张和压力。由于可以带来感官上的这些快感，酒精饮料在西方国家以及其他地区大量销售并被广泛饮用。在啤酒（拉格啤酒）①、葡萄酒和蒸馏酒等各种饮料

---

① 拉格啤酒是根据其英文名"Lager"音译而来，又叫窖藏啤酒，是一种桶底酵母发酵、再经过低温储存的啤酒，其酒体清澈、口感清爽、入口平滑。——译者注

中，都含有酒精。另外，还有一种加强型葡萄酒，它的酒精含量比普通餐酒高得多。这些饮料虽然各不相同，但其中的酒精都一样，是无色无味的；赋予它们独特色泽、味道和质感的，是饮料中的其他成分。

不同种类的酒精饮料，其酒精浓度差异很大。普通啤酒的酒精含量约为5%，葡萄酒一般为11%～13%，蒸馏酒（如杜松子酒、伏特加和威士忌）的酒精含量通常约为40%，但也可能略高或略低。加强型葡萄酒，如雪利酒和波特酒，里面添加了大量烈酒，从而使这种葡萄酒的酒精含量达到约17%。

为何饮酒？

人们所做的每件事，都是出于某种动机。要理解那些特殊行为，就要先搞清楚它背后的动机是什么。人们开始饮酒的原因，可能与那些老酒鬼不同。尤其是年轻人，他们开始饮酒可能只是出于好奇——酒的味道如何，饮酒后我们的感觉如何。他们饮酒，或许只是为了带动聚会氛围，制造欢乐气氛。不管是哪种情况，年轻人都会受到同龄人饮酒习惯的强烈影响。他们之所以饮酒，可能是因为这让他们觉得自己是群体中的一员，觉得自己得到了同伴们的接纳。但是，有些年轻人开始饮酒，却可能是为了克服焦虑或抑郁等消极情绪，也可能是因为他们缺乏自信。

当饮酒成了习惯，对酒精的耐受性增强后，他们可能会喝得一次比一次多，并对酒精产生依赖。这样，他们饮酒的动机就变得与他们一开始饮酒的时候完全不同了。实际上，在他们饮酒生涯的这个阶段，他们饮酒的主要原因可能只是酒精让自己感觉正常。

饮酒的动机

考克斯和克林格提出了一个理论，阐述了人们为何饮酒，人们饮酒的动机是什么。简单地说，这个理论讨论了人们期望从饮酒中获得什么好处。由于动机与预期情绪相关，因此饮酒者肯定心里有所预期，想要通过饮酒增加他们的积极情绪，比如希望、快乐或兴致；或者想要通过饮酒消解他们的消极情绪，比如恐惧、悲伤或孤独。

事实上，在马里兰州贝塞斯达的美国国家酒精滥用和酒精中毒研究所，科学家使用功能磁共振成像（fMRI）这种大脑成像技术进行研究后发现，人们饮酒时大脑会发生两种变化，这些变化与饮酒者感知的变化相对应。在 fMRI 实验室里，他们通过静脉滴注的方式，将酒精直接注入研究被试的静脉。等酒精发挥作用一段时间后，科学家们让被试观看恐怖表情图片（"威胁性视觉刺激"）或中性表情图片（"非威胁性视觉刺激"），从而测试被试的大脑反应。他们发现，在被试的大脑中，酒精强烈激活了积极情绪的奖赏回路，同时抑制了被试对恐怖刺激的反应。而且，被试对他们醉酒程度的评价与他们奖赏回路被激活的程度呈正相关关系。这表明，奖赏回路的激活有助于人们在醉酒时体验到愉悦感。

在脑成像的研究中，酒精对被试积极情绪和消极情绪的影响，是由于酒精发挥了化学作用。但是，在日常生活中，酒精通过两种方式影响饮酒者的情绪。首先，在人们饮酒后，酒精对大脑产生的化学作用，可以使他们体验到极度的愉悦，而且还有助于消解紧张或压力。其次，除了酒精的化学作用，饮酒还可能对人体的其他重要方面产生间接影响。例如，年轻人可能会和同龄人一起喝酒，因为这样可以让他们觉得自己被接纳，觉得自己是这个群体中的一员，这可以给他们带来良好的感觉。或者，以害羞内向的人为例，特别是在有很多人的聚会场合，他们可能希望通过饮酒来缓解自己内心的不安，让自己能从容地与他人聊天互动，并享受其中的欢乐。

科学研究的发现

为了验证考克斯和克林格的理论，密苏里大学的杰出教授、心理学家林恩·库珀（Lynne Cooper）采访了数千名青少年饮酒者，以了解他们从饮酒中获得了哪些好处，以及这些好处是否可以归纳为几类不同的饮酒动机。在采访中，库珀团队要求被试对 20 种不同饮酒原因对他们的影响程度进行逐一评分。她还询问被试每次喝多少酒，多久喝一次，都是在什么情况下饮酒。最后，还询问被试（在与父母、朋友或伴侣的相处中或在学习和工作中）是否经常遇到与饮酒有关的问题。

库珀教授用复杂的统计方法，分析了被试对 20 个饮酒问题的回答。结果发现了 4 种基本的饮酒动机，库珀称其为：社交动机（如"因为它帮助你在聚会上玩得开心"）；应对动机（如"可以让你忘记烦恼忧愁"）；增强动机（如"因为你喜欢饮酒带来的那种感觉"）；顺从动机（如"因为你的朋友劝酒")。不管是男性还是女性,黑人还是白人,年轻人还是年长者,这四种饮酒动机都是相同的。因此,库珀研究得出的结论,完全支持了考克斯和克林格的四种饮酒动机理论。

库珀的研究结果还表明,每种饮酒动机都与特定的饮酒模式有关。例如,那些通过饮酒来增强积极情绪的被试反馈说,在有酗酒氛围的场合(例如在跟同性好友一起时),他们会大量饮酒。同样,那些通过饮酒来满足社交动机的被试,在社交庆祝场合会更多地饮酒,例如在聚会上或跟酒友们在一起的时候。那些为了合群而饮酒的被试则说,他们在感觉明显或暗含有顺从压力(例如在聚会上)的场合饮酒。最后,那些为了应对消极情绪而饮酒的被试报告说,他们自己一人独饮。研究得出的模型总体表明,正如预期的那样,年轻人遇到的与酒精相关的问题与他们的绝对饮酒量呈正相关。但是,在饮酒量相同的情况下,与因增强动机或社交动机而饮酒的人相比,那些为了应对消极情绪或迎合他人期望而饮酒的人,患酒精相关疾病的风险更高。

库珀教授和现就职于澳大利亚墨尔本拉托比大学的伊曼纽尔・昆奇(Emmanuel Kuntsche)教授,以及欧洲、北美洲和南美洲的许多其他研究人员,又进行了大量的研究,以评估库珀确定的四种饮酒动机的有效性和普遍性。饮酒的四大动机得到了研究人员的一致支持。研究结果还表明，饮酒者对饮酒的接近动机（即社交动机或增强动机）的认可程度高于回避动机（即应对动机或顺从动机）。这些结果在男性和女性、大学生和刚步入社会的人、不同种族群体以及拥有不同文化传统的国家中高度一致。研究还表明，与那些出于社交动机或增强动机而饮酒的人相比，出于顺从动机或应对动机的饮酒者出现酒精相关问题的风险更高。

有些人饮酒过量

研究显示，大量饮酒会给身体、心理、社会和经济造成各种负面后果。饮酒的负面后果可以分为两大类：急性负面后果，即酒精的直接作用给人造成的那些影响；慢性负面后果，即过量饮酒造成的长期累积影响。饮酒者描述的急性负面后果包括失去自控力，这可能导致不必要的冲突和尴尬场景；大量饮酒后的记忆力丧失；身体损伤和精神损伤；早晨呕吐（宿醉）；抑郁和焦虑。慢性负面后果可能包括家庭问题、医疗问题、法律问题、失业或其他经济后果。这可能会让饮酒者发现，相比于他们从饮酒中获得的那点好处，他们为这些负面后果所付出的代价实在太大了。鉴于此，他们可能会决定减少饮酒甚至戒酒。

多少才算过量?

一个人怎样才能知道自己是否喝多了呢? 在世界各地，很多国家都制定了安全饮酒指南。因此，人们评估自己饮酒量的一种方法是参考他们国家的安全饮酒指南。但是，指南上建议的最大摄入量因国家而异。关于什么是安全饮酒，我们在这里介绍美国和英国的两种不同观点。

政府发布的指南

在美国，饮酒量以标准杯为单位衡量。1 标准杯相当于普通啤酒（酒精含量约5%）12盎司[①]、麦芽酒（酒精含量约7%）8 ~ 9盎司、餐酒（酒精含量约12%）5 盎司或蒸馏酒（杜松子酒、伏特加、威士忌等，酒精含量约40%）1.5 盎司。关于

---

① 1美制液体盎司（oz）约等于29.57毫升（mL）。——译者注

一个人为了保持安全水平所能饮用的标准杯的最大数量，美国卫生部对男性和女性的规定有所不同。男性每天最多饮酒不超过2标准杯，女性每天最多饮酒不超过1标准杯。对男性和女性最大饮酒量的不同建议是有充分理由的，我们将在第3章中详细介绍。饮酒超过推荐量的男性或女性，会有罹患酒精相关疾病的风险。还应该指出的是，有许多人（例如患有某些疾病的人）根本不能饮酒。另外，正如我们将在第3章中讨论的那样，有些专业医学会发出警告称，饮酒对身心毫无益处，不要饮酒。

在英国，饮酒量以酒精单位衡量。1酒精单位是10毫升（8克或0.28盎司）纯酒精。当然，人们不会喝纯酒精，但是所有饮料的酒精单位数都可以通过该饮料的体积（毫升）和其中的酒精含量（百分比）来确定，这就是所谓的"酒精体积"（或称ABV）。英国卫生部列出了各种常见饮料的酒精单位数，以及计算其他饮料酒精单位数的公式。

英国于2016年发布了最新的低风险饮酒指南，建议男性和女性每周饮酒不超过14个酒精单位。该指南还建议，每周饮酒达到14个酒精单位的人，应分3天或更长时间分散饮用。该指南对男性和女性一周内最大饮酒量的建议是相同的，这与英国早期的指南和大多数其他国家规定的限制量完全不同。

各个国家发布的指南都很有用，因为这些指南可以帮助我们留意自己的饮酒量。这些指南让我们知道自己是否超过了安全限度，如果超过了的话，我们就应该减少饮酒量。但是，合理饮酒指南不能总是用一个绝对量来指导所有人。这个绝对量只是表明了健康人群的平均安全饮酒水平是多少。但是，每个人的安全饮酒水平可能会因年龄、性别、身体情况和既往饮酒史等因素而有所不同。对某些人来说，任何饮酒行为都是危险的。我们将在第三章中对此进行详细讨论。

法定饮酒年龄

法定饮酒年龄是另一个需要考虑的因素。这是一个人可以合法饮酒的年龄，在有些国家，这与居民可以合法购买酒精饮料的年龄不是一回事。此外，在一些国家，法定饮酒年龄因酒精饮料的类型（如啤酒、葡萄酒或烈性酒）不同而又略微有所不同。在美国，可以合法买酒和公开饮酒的年龄都是 21 岁。在英国，可以合法买酒和饮酒的年龄为 18 岁；但是在有成年人陪同的情况下，十六岁或十七岁的青少年可以在吃饭时喝啤酒、葡萄酒或苹果酒。

评估自己的饮酒情况

衡量一个人是否饮酒过量的指标有两个。第一个指标是绝对饮酒量。这个人多久饮一次酒，以及他每次喝多少，一周的总饮酒量是多少。要是如实地记录下每天的饮酒量，这些问题就能有非常准确的回答。然后就可以计算出一周的总饮酒量，并与自己国家所建议的安全饮酒量上限进行比较。如果一个人的饮酒量超出了安全范围，那他很可能正处于饮酒相关问题的风险中，或者可能已经有一些这方面的问题了。饮酒过量的第二个指标是一个人表现出的医学、心理、社会或是财务层面的问题。

为了帮助饮酒者判断他们是否过量饮酒，世界卫生组织开发了一份包含十个问题的简要问卷，即酒精使用障碍筛查测量表。主要询问饮酒者的饮酒频率和饮酒量（三个问题）、饮酒引起的有害表现（四个问题）、酒精依赖情况（三个问题）。在回答了这十个问题之后，就会得到自己饮酒风险水平

的评估结果，以及关于下一步该怎么做的建议。当然，我们
很有必要听取这些建议。

酒精使用问题的正式诊断

很多医疗服务提供者认为，对于人们的饮酒问题，需要
评估其是否符合酒精使用障碍的正式诊断标准。但是，也有
医疗服务提供者认为，为一个人的酒精使用相关问题给出诊
断是没有帮助的，因为这样会给人贴上不必要的标签。无论
是否关心诊断，医疗服务提供者都应该熟悉不同种类的诊断
系统，并了解各种饮酒问题的具体表现，这对医疗服务提供
者来说是很有帮助的。

其中一种诊断系统是美国精神医学学会编纂的《精神障
碍诊断与统计手册》（后文简称 DSM）。美国和其他国家的许
多专业医护人员，都使用这本手册，来诊断各种精神障碍，
包括酒精使用障碍。DSM 自 1952 年首次出版以来，经过了五
次重大修订。在不同的修订版本中，酒精问题的评估和诊断
方式发生了很大的变化。例如，在 1994 年出版的 DSM-4 中，
描述了两种不同的酒精相关疾病，即酒精滥用和酒精依赖。

具体诊断为哪种疾病，取决于个体符合的疾病标准的数量。这些标准主要涉及以下因素：饮酒量，是否渴望饮酒，经历了负面后果是否成功戒酒，是否对酒精形成了耐受性，是否在身体和心理上依赖酒精。DSM-5 是最新版本，于 2013 年发布。与 DSM-4 不同，DSM-5 中只有一种酒精相关疾病，即酒精使用障碍。但是，手册又将障碍程度细分为轻度、中度或重度，具体取决于这个人符合酒精使用障碍诊断标准的数量（符合 2 ~ 3 条为轻度障碍，4 ~ 5 条为中度障碍，6 条或以上为重度障碍）。这些标准与 DSM-4 中的相似，但进行了一些修改。

世界卫生组织也开发了精神与行为障碍分类系统，即国际疾病分类（简称 ICD）。ICD 于 1992 年首次出版，并定期修订，其第 11 次修订版，也是最新版，为 ICD-11，于 2019 年出版。多年来，世界各国的专业人员都使用 ICD 来诊断疾病和其他健康问题。在饮酒方面，酒精依赖是主要的诊断类别。它侧重于诊断一系列心理症状（如渴望）、生理症状（如耐受性和戒断反应）及行为（如通过饮酒来缓解戒断反应）症状。另一种诊断类别为有害饮酒，是指饮酒已经对身体或心理造成了伤害，但患者还没有对酒精产生依赖。ICD-11 仍将酒精依赖作为主要诊断类别，并继续将其视为一种认知、行为和生理层面的综合征。ICD-11 还保留了有害饮酒，并将其作为一个单独的诊断类别。

酒精成瘾的理论

对于嗜酒成瘾的人所做的那些行为，我们很多人表示很难理解。酗酒者可能心里很清楚，知道过量饮酒会对自己和他人造成伤害，他们可能下定决心再也不喝酒了。但是，他们随后又开始酗酒了，而且他们可能会一次又一次地重蹈覆辙。对于这种令人费解的行为，我们如何解释呢？

过去，人们曾提出三种主要理论来解释酗酒行为，即道德模型、酒根模型和疾病模型。道德模型在 18 世纪很流行，当时在美国，酒被视为"上天的恩赐"，酒往往比水更受欢迎，因为水可能不洁净。但是，醉酒却被视为一种罪恶，醉酒者要为自己的行为负责。尤其是酗酒者，人们认为其有道德上的弱点，但只要他们愿意，他们就能改变自己的酗酒行为。

酒根模型的起源，可以追溯到 19 世纪。这个模型认为，酗酒者不该承担全部责任；相反地，问题在于酒精本身。酒精才是罪恶之源，应该为各种社会问题负责，但我完全不赞同这样的说法。为了解决饮酒造成的各种问题，人们最初提倡节制饮酒，这个倡议最终导致了很多国家禁止饮酒。例如，美国宪法第十八修正案（1920—1933 年）禁止生产、进口、运输和销售酒精饮料。在 20 世纪上半叶，加拿大（1918—1920 年）和许多欧洲国家，包括芬兰（1919—1932 年）、匈牙利（1919 年）和挪威（1916—1927 年）也颁布了禁酒法。但是，全社会完全禁止饮酒的想法是不现实的，最终这些法律接二连三地被废除了。当然，在非洲和亚洲信奉某些宗教的国家，仍然禁止饮酒。

疾病模型认为，酗酒是一种疾病，但酒精既不是其致病原因，也不是其治愈良药。相反，酗酒被视为一种医学问题，就像身体疾病一样，应该搞清楚其确切的致病原因，并找到有效的治疗方法。关于疾病模型的起源，有多种说法。多数权威人士认为这是本杰明·拉什提出的，他是一位美国医生，也是《美国独立宣言》的签署人之一。他把醉酒归因于饮酒失控，他被认为是第一个用"成瘾"这个词来描述饮酒问题的医生。然而，另外有些人注意到，苏格兰医生托马斯·特罗特在更早的时候就将过度饮酒定性为一种疾病，因此他应该是最早提出这个疾病模式的人。还有些人注意到，瑞典医生马格努斯·胡斯（Magnus Huss）在 1849 年引入了"慢性酒精中毒"这个术语。

不管谁是首创人，疾病模型对于我们今天看待酒精问题的方式有着深远的影响，例如匿名戒酒者协会（Alcoholics Anonymous，AA），这是一个自助组织，在全球有 200 多万名成员，它为普及起源于 18 世纪的疾病概念做了大量工作。今天，匿名戒酒者协会的成员极力捍卫他们的立场，认为酗酒是一种疾病。此外，许多生物学方向的医生和科学家将酗酒视为一种大脑疾病，他们指出，长期酗酒者的大脑会发生改变。事实上，美国成瘾医学协会将"成瘾"定义为"一种可治疗的慢性医学疾病，涉及大脑回路、遗传、环境和个体生活经历之间的复杂相互作用"。

相比起来，今天许多心理学家和其他领域的行为科学家从认知行为原则或动机原则的角度来看待酒精成瘾。认知行为理论家认为，过度饮酒是饮酒者先前的强化行为和错误认知（想法和信念）所致。认知行为治疗师使用下面这些原则来帮助有酗酒问题的人做出改变：

※ 对饮酒情况进行功能分析，以确定导致饮酒的事件和

醉酒的后果。这样可以使饮酒者找到应对的其他方法。

※ 目标设定是为了帮助饮酒者确定他们想要达到的目标（如适度饮酒还是完全戒酒），然后采取措施，实现这个目标。

※ 传授饮酒者控制饮酒的技巧，比如放慢他们的饮酒速度。

※ 教他们如何自我监控，这样他们才知道是否达到了自己设定的目标。

※ 教他们如何在实现目标后自我激励。这非常重要，因为行为科学家研究发现，人们会重复做那些得到奖励的行为。

本章重点阐述的是动机原则。现在我们转向第 2 章，详细介绍人们为何将饮酒作为目标。

第 2 章

为何将饮酒作为目标？

　　本章主要介绍我们提出的目标理论（goal theory）中关于动机和决策的框架。这是因为我们认为，饮酒是有动机、有目标的行为。在我们的目标理论中，饮酒的目标与任何其他目标导向行为（包括大多数人类行为）都非常相似。也就是说，饮酒是为了使积极情绪最大化的行为，比如快乐、满足感。人类的很多行为也是为了尽量减少消极情绪，比如恐惧和悲伤。所有的情绪都包含多个过程，这些过程通常包括对情绪的有意识觉察，也就是人们常说的感受。总体来说，人类的大脑与动物的大脑一样，都是一种目标机器；这是一种复杂的器官，用于识别理想的目标，从中进行选择，并引导行为朝着目标前进。由于可供选择的目标通常有很多，因此要想从中做出有价值的选择，就需要对这些目标进行价值评估。大脑用情绪来评估目标的价值。这就是为什么本书在描述人们对酒精饮料的选择时，阐释了情绪的性质和作用，以及其他与目标追求有关的内容。

　　在人的生活中，处处需要做决定——接下来要做什么，下个星期要做什么，下个月要做什么，下半辈子要做什么。这个决定过程涉及多种可能性和选择，有些很吸引人，而有些没有多大吸引力。决策过程可能很复杂。例如，某人可能需要在下面这两种情况中做出选择：①赶在截止日期前完成一项对老板来说很重要的工作；②在环境优雅但价格昂贵的餐厅为好朋友庆祝生日。这两个选择，都有一些吸引人的地方（一个选择可以陪朋友过生日，而且还有美食享用；另一个选择可能得到老板的赏识，而且可能得到加薪）。这两种选择也都可能带来负面的后果（如果选择加班，朋友会因为自己没去参加他的生日聚会而感到受伤，这可能导致关系破裂；如果选择去参加朋友的生日聚会，工作可能无法按期完成，老板会发怒，后果可能是降薪或遭到辞退）。因此，人们在做选择时会感到很矛盾，不知道究竟该如何选择、该选择这个还是那个。

当你决定要不要喝酒、什么时候喝酒、喝什么酒、喝多少酒时，有很多方面需要考虑。即使这些决定过程在某种程度上已经成为一种习惯，但它们仍然是个人自愿做出的决定。而且，所有的决定都会给个体的生活质量带来影响。

本章将探讨我们人类是如何成为长期决策者的。我们的欲求是如何产生的，包括对酒精等物质的欲求，以及我们为什么会对这些物质有欲求。答案可以追溯到数十亿年前的动物生命起源期。这些答案解释了我们的每一个选择，从而也解释了我们开始做的每一件事。

大脑为目标而进化

这一切都始于大约 15 亿年前。根据科学家的最佳估计，第一批多细胞动物，如梳状海蜇，就是在这个时候从植物中分化出来的。它们及其后代与早期生命形式的区别在于，它们拥有能够在空间内移动的活动部件。从这个意义上说，它们可以移动，而且是自主移动。它们经常移动，实际上是到处移动。这种移动能力给了它们很大的优势。如果植物（另一种主要的生命形式）落在一个缺乏生存条件的地方，它就会死亡。例如，植物需要水才能生存，但它们不能像动物那样跑去喝水。它们只能等待下雨，或者等待水以其他途径或形态到来。如果久等不来，它们就会死去。为了能够繁殖，许多植物依靠蜜蜂或其他"媒介"，将花粉从一株植物传到另一株植物。但是，动物可以移动，为了更好地生存和繁殖，它们可以迁移到环境更优渥的地方。

对于动物来说,要获得生存所需,只有运动能力还不够。它们还要具备某些其他能力。动物必须知道自己需要什么,这样在遇到所需之物时才能发现它们。如果没有遇到所需之物,那就要有能力去发现它,或生产它、控制它,以及合理地使用它。这些生存之需可能是食物、配偶,或者对于人类来说,是寒冷天气里可以保暖的衣物。

发展这些能力,需要不断进化。但是,对于动物来说,15 亿年漫长的时间足够它们逐渐进化出这些生存所需的能力。在这一过程中的每个阶段,生存能力更强的动物都比其他动物有更多生存和繁衍后代的机会。慢慢地,动物也进化出了感觉器官,如眼睛、耳朵和皮肤感觉;它们进化出了运动器官,使它们可以进行空间移动;它们进化出了神经系统和大脑,处理接收到的信息,并控制运动器官,以便能更有效地获取它们所需之物。因此,它们最终演化成了高效的"机器",能够识别自己的所需之物、设法获得这些所需之物并对其进行完善,以满足自身的欲求。

这些早期动物的神经系统和大脑经过进化,能够识别个体(无论是史前动物还是进化后期的人)生存所需的物质条件和环境。大脑也进化出了优先实现这些目标的方法。在这个层面上，我们可以说这些生物是有目标的。韦氏大词典将"目标"定义为"通过一系列行动所能实现的条件或状态"。即使在非常原始的动物生命中，甚至在草履虫等单细胞生物中，也可以看到类似的目标行为。草履虫进化出了毛发状的附属物，可以推动它们在水中移动并寻找食物。在它们身上，我们看到了初级的目标追求。那些更高层次的动物，则进化出越来越复杂的神经系统和大脑，具有设定目标和追求目标的能力。最终，我们人类进化出了地球上最复杂的大脑，至少目前的研究证据是这样的。

目标的本质

"目标"这个词并不一定指那些需长期努力且难以实现的事情。实际上对于人类来说，大多数目标都是我们打算做的那些简单的日常琐事，比如在回家的路上顺便买点西红柿，或者出门前洗个澡以保持社交体面。目标往往是些极其常规之事，以至于其实现过程看起来是自动的，比如为了让自己看起来干净利索，我们梳头、刮胡须或者剃腿毛。当然，目标也可能是长期追求的重大理想。我们的长期目标可能是成为一名能妙手回春的医生，或者找到一位可亲又可爱的伴侣，或者精心抚育孩子。我们的目标也可能不那么具体，或者不那么明确，比如为家庭、国家或社会群体做出重大贡献。

最后，从主观上讲，目标是一个人所渴望得到的某些东西。至少对于人类来说，欲望是大脑发出的一个信号，表明渴望之物对自己是有价值的。如果还没有目标，那么我们体验到的那些渴望之物，可能会成为自己未来追求的目标。

有些目标很有吸引力，从某种意义上说，它们是我们设法想要拥有的事物或体验，比如美味的食物或有益的人际关系。有些目标可能让人厌恶，是我们想要逃离、避免或摆脱的事物或体验，比如刺骨的寒冷、滚烫的热浪、冷漠的伴侣或酸得掉牙的柠檬。也就是说，有些事情、事件或体验比其他的更有价值，或让人觉得更舒服。因此，我们进化出了一种对事物和条件进行评估的方法，即这些事物和条件对我们是有用的还是无用的。

在我们进化的过程中，一些事物或体验被固化下来。例如，突然的巨响，尤其是在意想不到的情况下出现的巨响，会立即引起我们的注意，并引发消极情绪。如果视野中看到一个突然变大的物体，会使我们条件反射地低下头，并体验到一些消极情绪。举个例子，汽车行驶中如果有鸟撞向挡风玻璃，坐在前排座位的你会有躲闪动作。在这种情况下，你会自动设定隐含目标，以避开那些会引起我们不适的根源。类似地，还有一些事情，比如拥抱或吃甜食，会自动唤起积极情绪，并可能成为未来想要重点追求的目标。也许，人类所有的目标都是基于那些最原始的条件反射体验，这些体验会引起某种吸引人的或者让人厌恶的情绪反应，然后成为目标形成的起点。

最基本的一点是，我们人类的一切进化都是为了提升自身能力，从而确定最好的目标并积极实现那些目标。对于我们个人的成功以及人类的繁衍来说，这些都是非常重要的。除了调节我们的身体过程，我们的大脑主要是为确定目标和追求目标服务的。因此，再怎么强调目标及其相关过程的重要性都不为过，因为这有助于理解人类的动物属性和人类属性。

目标的影响因素

如果把人类和其他动物看作是生物能量驱动的机器，那么目标就是指引他们前行的明灯。研究表明，无论我们察觉到什么、注意到什么、联想到什么，都与我们的目标或多或少有关联（考克斯等人，2006；克林格和考克斯，2011）。目标在生物学上的重要程度，反映在思考过程的发生速度上。例如，有一个名为史楚普实验（Stroop test）的古老实验范式，现在的心理学家们仍在使用。在这个实验范式中，被试会在电脑屏幕上看到一系列单词，屏幕上每次只出现一个单词，被试要尽可能快速地说出字体的颜色，而不必留意单词的意思。当屏幕上单词的颜色与单词的意思一致时，被试通常可以很快地说出字体的颜色。但是，当屏幕上单词的颜色与单词的意思不一致时（例如，用红色写的"绿色"），通常被试能正确说出字体颜色时反应会慢几毫秒（一毫秒是千分之一秒）。有趣的是，当这个单词与被试的目标相关联时（无论字体是什么颜色），他识别这个单词的字体颜色所花费的时间，总会比单词对被试没有意义时稍微长一些。例如，如果单词与酒精有关（如杜松子酒、威士忌、伏特加），相较于轻度饮酒者来说，重度饮酒者和酗酒者说出字体颜色的速度更慢。与酒精相关的单词会自动分散那些想要饮酒的被试的注意力，从而减慢他们说出字体颜色的速度。

之所以会出现这种反应上的延迟，可能是因为这个单词与被试的目标相关，使他从识别单词颜色的任务中短暂地分心了。也就是说，这个实验范式在识别单词颜色和快速处理与目标相关的单词意义之间，制造了一个冲突。与个人目标的联系，赋予了这个单词更高的优先级。对于重度饮酒者来说，这种优先级被赋予了与酒相关的单词，就像其他人将这种优先级赋予其他与自己目标相关的单词那样。这种优先级的排序发生得非常之快，在几分之一秒的时间里就完成了。这表明，这个单词与被试的某个目标之间的联系，会使大脑自动将它列为高优先级。对于重度饮酒者来说，这意味着他们通常会最先注意到环境中那些与酒相关的事物、脑海中出现的那些与酒相关的想法。

同样，在我们醒着的时候，我们周围每时每刻都有很多事情在同时发生，但是在特定的时刻，我们只关注其中很少的一部分。当其中某件事分散了我们的注意力时，我们的瞳孔会立即放大。这样的分心和干扰，肯定与我们的某个目标有关。瞳孔的放大反映了注意力分散发生的速度，这也再次表明大脑给处理目标相关事件赋予了较高的优先级。

对于那些喝了很多酒的人来说，这种优先级排序绝对适用于他们感知自己以及周围世界的方式。这意味着,只要饮酒成了他们最重要的一个目标,那他们就可能更关注与酒有关的事情,比如和酒有关的广告,以及超市货架上摆放的那些酒。而且,他们与酒有关的自发性想法也会更多。如果他们将社交与喝酒关联了起来,那他们就会变得更想参加社交活动。此外,对与酒有关之事的认识,无论是被这些事件分散了注意力,还是脑海里出现的关于这些事件的想法,都可能进一步增强人们饮酒的欲望。

在这方面的一个关键考虑因素是,情绪反应和情绪状态是大脑发出的信号,表明某物对我们有多重要。我们对目标的选择,主要取决于我们的预期——达成这些目标会带来什么好处,会带来什么美好体验。如果我们认为与某人建立一段新关系会让我们感到更快乐,那就增加了我们追求这段关系的可能意愿。如果这样做可能还会威胁到我们喜欢的另一段关系,那么就会引发消极情绪,比如担心或沮丧。这些消极情绪,使得开启这段新关系的可能性降低了。更普遍地说,某样东西对我们有多重要,取决于我们为了得到它(达成目标)可能付出多少代价或成本。如果评估发现达成目标的情感成本超过了情感获益,那这个目标就很可能会被放弃。这种成本可能是金钱上的，但也可能是朋友的疏远、花在其他目标上的时间、错过其他机会等。我们根据预期中目标实现时所体验到的情绪，以及目标未能实现时所体验到的情绪，来判断该做什么决定。

除了达成预期目标会带来的收益，还有两个重要因素决定了是否追求目标。一个因素是，我们觉得成功实现这个目标的可能性有多大。如果认为目标能够实现，我们就会感到信心满满。另一个因素是，如果我们认为不太可能成功，那么我们的努力就是对时间和精力的浪费，我们因此会感到沮丧失望。这样，我们就不太可能追求这一目标。关于决策的期望价值理论（Expectancy Value theory），已有大量的研究文献。这个理论找到了许多证据支持这两个因素——目标的价值和实现目标的预期可能性——在决策中的重要性。它们共同决定了我们追求哪个目标：实现后可以带来积极的情绪满足或让我们从消极情绪中解脱出来的目标；容易实现的目标；实现的代价不会过高的目标。过高的代价或成本会引起消极情绪，或降低实现目标的过程中体验到的积极情绪。

以饮酒为生活目标

很多人把饮酒当作一个生活目标。酒精对他们情绪状态的影响，正是饮酒对他们很重要的原因。对某些人来说，饮酒可能与社交聚会有关，比如与朋友聚会。有些人可能喜欢饮酒带来的放松感，或者可能希望通过饮酒让自己的情绪高涨起来。有些人可能已经喜欢上了酒精饮料，如啤酒、葡萄酒或利口酒[①]。但是，饮酒带来的积极反应是因人而异的。饮酒者的反应取决于其饮酒经验，这本身就是一种学习过程。一般来说，婴儿和那些第一次饮酒的成年人都不喜欢酒精饮料的味道。从这个意义上说，饮酒是一种后天养成的嗜好。酒精饮料与情绪状态的变化关联了起来，当这些情绪变化让饮酒者感到愉悦时，对酒精饮料的渴望就会成为一种条件反应。

但是，有些对酒精的渴望更加隐蔽。长期过量饮酒会引起大脑的改变，会使人正常的主观感觉状态依赖于持续频繁的饮酒。如果这个人是重度饮酒者，那么他几个小时不喝酒

[①] Liqueur 的音译，是一种烈性甜酒，通常在餐后少量饮用。——译者注

的话，就可能会焦躁不安、身体颤抖、疲倦、沮丧低落，或处于其他消极状态。饮酒者可能早就知道，此时喝酒就可以缓解这些戒断症状。然后，他很可能会想再来一杯。酒精依赖的这种症状和其他相关症状是将酗酒看作一种疾病的部分依据。给这类人贴上疾病患者的标签是否合理，取决于人们如何定义疾病。但是，认为这样的饮酒者永远无法从酗酒中走出来是有失偏颇的。事实上，许多重度饮酒者最终确实摆脱了对酒精的依赖，他们中的一些人回到了严格控制饮酒量的小酌模式，虽然这样做也有再次陷入过量饮酒的风险。

当然，可以认为酒精依赖者患有酒精使用障碍。要想治好这种疾病，可能需要用一段时间把酒戒掉，或者至少大幅减少饮酒量。为了摆脱对酒精的依赖，并防止持续过量饮酒所带来的各种身体损害，这是饮酒者能够做出的选择，也是他们必须做出的选择。相较于那些没有长期酒精依赖的人，长期过量饮酒者因戒断反应而产生的不适，使减少饮酒量或停止饮酒变得困难了很多。但是，减少饮酒量或停止饮酒并非不可能，特别是在有医疗援助和行为支持的情况下。第 8 章将介绍有助于结束酒精依赖的治疗方法。

在很大程度上，除了对酒精的依赖，对酒精饮料的积极反应程度也取决于个人的基因。对于过量饮酒的易感性，也存在重要的个体差异。正如第 4 章中介绍的，一些处于压力下的人报告说，与饮用非酒精饮料相比，饮酒会让他们的压力感更少。此外，对这些人进行实验室测试后证实，压力情景下他们饮酒后体内的压力激素皮质醇的水平比饮用非酒精饮料后低。事实上，虽然一些民族特别享受饮酒带来的积极影响，但是对于另一些民族，饮酒可能会引起不适，因此他们禁止喝酒。无论是哪种民族，饮酒通常会对个人的情绪状态产生显著影响，这可能是人们把饮酒当作生活目标或者避免饮酒的深层原因。

酗酒是个人喜好还是疾病？

正如第 3 章所述，长期大量饮酒会引起生理机能的改变。如果很长一段时间不饮酒，这些改变就会以身体不适的形式表现出来。在此期间，这个人可能会非常渴望饮酒。这是判断一个人是否有酒精使用障碍的一个标准。在第 1 章中，已经讨论过这些标准。

很多理论家对酒精问题的长期争论是，是否应该将大量饮酒视为一种疾病，以及在何种程度上可以将饮酒视为一种令人无法抗拒的冲动而非个人喜好。这场辩论仍在进行，而且非常重要，其结果对于酒精使用障碍的治疗有重大意义。关于酒精使用障碍的治疗，我们将在第 8 章中进行详细介绍。关于如何界定酗酒和如何进行分类的争论，已经有人进行了大量的对于酒精中毒治疗的调查，方法包括从坚持完全戒酒到训练控制饮酒量。斯坦顿·皮尔对这些调查进行了广泛回顾，得出的结论是，"酗酒不是一种进行性疾病[①]，而是一种持续的、反复发作的疾病"。

这里的"反复"指的是一种常见模式，即先频繁地大量饮酒，然后严格控制饮酒量或戒酒一段时间。最近的研究表明，这种反复不一定会破坏后续功能。这项研究的被试由各种程度的饮酒者组成，其中 70% 是男性，他们之前曾因酒精使用障碍接受过治疗，研究者对其后续的生活进行了跟踪。在治疗后的 3 年随访中，33% 的被试仍然是重度饮酒者，但

[①] 进行性疾病（progressive disease），指症状不断加重、患者状况不断恶化的疾病。——译者注。

70%的被试属于"高功能酗酒者 [①]",79%有工作,44%已婚。此外,对戒酒者大脑功能的研究发现,在开始戒酒后不久,相关脑细胞的体积开始显著增长,并在戒酒后期继续增长。而且,在戒酒期,研究人员观察到被试的大脑功能有显著的改善,但改善的程度取决于此人的年龄、过往饮酒的严重程度等因素。

总体来说,我们在这场辩论中的立场是:在所有相关场合,嗜酒者对继续饮酒的强烈渴望都让他们面临以下选择——是不同程度地摄入酒精,还是滴酒不沾。但是,对于那些因为酗酒而出现大脑改变的人来说,这是一个更困难的选择。达到什么程度才可以将酗酒视为"疾病",这是定义的问题。确诊有肺结核或癌症等疾病的人,不能自主地决定停止患这种疾病。如果还有可能,他们需要得到医疗措施才能被治愈。酗酒者可以随时决定停止饮酒,虽然在短期内这可能不会有严重不适,但也可能会有不良的身体后果,也可能需要医疗救助。

---

① 高功能酗酒者(High-Functioning Alcoholics)平时经常大量饮酒,但是仍保持超强的生活能力,其工作和生活等没有因为酗酒而受到明显影响。——译者注

那么，酗酒算是疾病吗？几十年来，匿名戒酒者协会和其他戒酒自助团体声称，酗酒是一种疾病。把酗酒当作一种疾病，或许还可以让戒酒治疗获得医疗保险报销。无论如何，"酗酒是一种疾病"的定义，对于工作和薪酬都很重要。对于那些提倡将戒酒作为治疗酗酒唯一的合理目标的人来说，酗酒的疾病标签就变得非常重要。但是，一些研究表明，对于酗酒者的戒酒治疗并不比那些旨在限制饮酒量的替代治疗更有优势。证据表明，成功节制饮酒的决定性因素，是饮酒者的信念和期望——他们认为什么是可能的，以及什么是有效的。

除了身体上的愉悦感与不适感，还有许多其他因素会影响人们关于是否饮酒或做其他事情的即时自发选择。其中一个因素就是，与酒有关之事在多大程度上吸引了人们的注意，并激起了他们饮酒的欲望。正如我们所看到的，这些与酒有关的事可能是外部刺激，比如酒类广告或其他与酒有关的东西，也可能是人们自己脑海中出现的想法。它们也可能是对亲戚朋友的顺从，因为他们把喝酒当成正常社交活动的一部分。维持理想的人际关系的需求可能会使饮酒行为增多。

饮酒的另一个重要决定因素是人们当前的其他目标。它不是促使人们饮酒，而是引导人们不要过量饮酒。这些目标会提醒人们不要成天心里想着饮酒这件事,特别是当饮酒妨碍他们实现其他目标的时候。这种竞争性刺激的有效性,取决于这个人想要实现这些目标的欲望强度,以及他感知到的成功实现这些目标的概率。

最后,还有一类情况让饮酒变得更有吸引力。前面讲过人类的大脑为了追求目标而进化,但是如果没有值得追求的目标,会发生什么呢?通常,我们的大脑会寻找那些有意义的目标。人类经常制定目标,从体育运动、游戏到发动战争,都是为了追求某些东西。如果没有目标,大脑就会出现消极负面的情绪,从无所事事时的无聊,到最终没能实现具体目标的失望或沮丧。这种情绪的强度,取决于这个未能实现的目标对某人人生希望或恐惧的重要性。这包括错失的机会或未能实现目标带来的广泛影响。例如,因为明显缺乏成功实现预期目标所必需的才能或社会资源而引发的绝望,可能就属于这种情况。结束这样的情绪状态(比如感到沮丧),本身就可以被当成一个目标。对某些人来说,最简单的方法可能是通过饮酒来抑制消极情绪。

此外,有时具有广泛影响的社会事件会剥夺人们的宝贵体验。例如,始于 2020 年的新冠疫情。在美国,大约从 2020

年2月开始，很多科学家和社会活动家强烈建议，尽量减少与家庭以外的人进行直接的人际接触。根据美国的一项调查，在2020年3月21日至3月28日这一周，酒类销量增长了54%。眼睁睁地失去了许多宝贵体验，比如与邻居和朋友聚会、参加体育活动、上课等，让人们觉得自己被剥夺了权利，开始借酒消愁。

结语

本章主要介绍了目标理论中包含的动机和决策的框架。对许多人来说，饮酒就是他们的生活目标之一。人类的大脑经过进化，围绕选择、追求和获取目标对象而组织起来。人们最早出于本能确定的那些目标，是可以帮助他们生存和获得幸福的物质条件。这些目标包括吃奶、舒适温暖的怀抱、某些触觉和排便。这还包括很多认知目标，比如环境的可预测性、对某些熟悉特征的依赖，比如照护者的声音（通常是母亲的声音）以及其他感觉。随着慢慢长大，一个人通过学习，他的目标范围会扩展为我们熟悉的所有个人目标。人们根据实现目标所能带来的收益，以及实现目标可能需要付出的努力、痛苦和牺牲来选择目标。目标的价值高低,取决于个体对实现目标的可能性的情感反应。

人们一旦下定决心追求某个目标,这个追求行为就会影响他注意力的自动集中方向和排序优先级,以及他的记忆、想法和行动,从而确保一系列结果的自动发生。其中一个结果是,这个人很可能会不知不觉地被环境中与目标相关的事件吸引。另一个结果是,这个人可能会回忆起相关的记忆,并自动接受相关的想法。最后,如果预期这些行动将促进目标的实现,那他就会采取相关的行动。

如果这个目标是饮酒,所有这些结果都可能发生,尤其是当这个人已经对酒精产生了严重依赖,并且因长时间没有饮酒而出现了戒断症状时。长期大量饮酒造成的大脑改变,会加剧让人感觉不适的戒断效应,这使得做出减少饮酒或不再饮酒的决定变得更加困难;但是,减少饮酒或不再饮酒并非不可能,特别是在医学和行为治疗的适当支持下。当然,如上所述,曾经在某个时间点不饮酒并不能保证永远戒酒。反复地戒酒,又重新饮酒,是许多重度酗酒者的常见模式。

第 3 章

酒对身体的影响

饮酒会对我们的身体造成多种影响。其中有些影响让人愉悦，使饮酒者喝了一杯还想再来几杯；有些影响则让人感到难受，让人再也不想尝那滋味了。人体内部究竟发生了什么，才导致了这些不同的影响呢？在本章中，我们将回答关于酒精对人体影响的问题。

酒精的吸收

我们喝下的酒，首先会进入到胃里。酒精不需要消化就能被吸收，因此一部分酒精会直接被吸收进入血液。余下的部分则进入小肠，小肠对酒精的吸收速度比胃更快。

酒精被吸收入血液的速度，决定了血液中的酒精含量，以及人的醉酒程度。影响吸收速度的因素有很多。第一个因素是饮料中酒精的浓度。例如，如果喝的是蒸馏酒（如杜松子酒、伏特加或威士忌，酒精含量约为40%），那么在给定时间内吸收进入血液的酒精比喝葡萄酒（酒精含量为

11% ~ 13%）要多。与喝啤酒（酒精含量约为 5%）相比，喝葡萄酒时血液吸收的酒精更多。第二个因素是酒精饮料中是否含有二氧化碳。有些酒精饮料，如香槟或意大利普罗赛克酒因为含二氧化碳而被称为起泡酒。二氧化碳有助于酒精从胃部进入小肠，正如我们刚才提到的，酒精被小肠吸收入血液的速度比胃的吸收速度更快。有时，人们把含酒精的饮料和不含酒精的碳酸饮料（比如可乐）混合起来喝。虽然二氧化碳会加快酒精的吸收速度，但混进去的不含酒精的饮料会起到稀释作用，从而降低饮料中的酒精浓度。第三个因素是酒精饮料的饮用方式。有些人大口地开怀畅饮，有些人则抿在嘴里小口地慢慢啜饮。当然，与小口啜饮相比，大口畅饮时酒精的吸收速度更快。第四个因素是喝酒前有没有先吃点东西垫下肚子，或者是否边吃东西边喝酒。与先吃东西再喝酒相比，空腹喝酒时酒精的吸收速度更快。

饮酒者的个体差异，也会影响其血液中的酒精含量。其中一个差异就是体型的大小。相比小个子的人，块头较大的人身体内的水分更多。因此，如果体型大小不同的两个人喝下等量的酒，那么体型较大者体内的酒精更稀薄，其血液中的酒精浓度更低。另一个差异是饮酒者的肌肉组织相对于脂肪组织的比例。据估计，肌肉组织含有大约 75% 的水，而脂肪组织大约只含 10% 的水。因此，相较于脂肪组织比例较大的人，肌肉组织比例较大的人体内的酒精浓度会更低。第三个差异是饮酒者胃液中负责酒精代谢的醇脱氢酶（alcohol dehydrogenase，ADH）的含量。男性胃液中含有大量的高活性醇脱氢酶，而女性几乎没有。因此，对于男性来说，胃部会代谢一部分酒精，从而让被吸收进血液的酒精量减少大约 30%。考虑到这个因素，再加上平均而言男性体格更大，肌肉组织的比例相对于脂肪组织的比例更大，如果两个普通男女在同一时间喝下等量的酒，那么女性的血液中的酒精浓度会高于男性。

人体血液酒精浓度（即 BAC），是衡量饮酒者醉酒程度的一个重要指标。血液酒精浓度是指 100 毫升血液中的酒精含量（以克为单位），用百分数表示。例如，喝了一两杯酒之后，血液酒精浓度通常为 0 ~ 0.05%，这时饮酒者感到很放松，觉得心情舒畅；他们的语言能力、注意力和肌肉协调能力可能会出现轻微的障碍。当血液酒精浓度为 0.06% ~ 0.15% 时，饮酒者还是感到放松、心情愉悦，但他们也会感到喝得有点醉了，肌肉协调、语言能力、注意力和记忆力等方面的受损程度也会越来越严重。血液酒精浓度为 0.16% ~ 0.30% 时，饮酒者的语言能力、记忆力、肌肉协调、反应时间和平衡能力等方面，都会严重受损，他们甚至可能会失去意识。

法律上，也根据血液酒精浓度来界定醉酒。在美国，21 岁及以上的驾驶员如果血液酒精浓度达到 0.08% 或更高，就属于法定醉酒驾驶。同样，在英格兰、威尔士和北爱尔兰，血液酒精浓度超过 0.08% 也属于法定醉酒驾驶。在苏格兰，醉酒驾驶的法定血液酒精浓度限值比英国其他地区低得多；但是，界定法定醉酒驾驶的确切数值，取决于血液酒精浓度是通过呼气测试、血液测试还是尿液测试所得。

酒精在体内的分布

酒精进入血液后，在到达大脑底部的血脑屏障之前，会被输送到肝脏、心脏和肺等全身各大器官。

在肺部，一小部分酒精会随着人的呼吸而气化，从而被排出体外。闻到某人呼气时散发出的酒味，其他人就知道他喝酒了。这也是酒精呼气测试的基础，警察用这个方法来判断一个人是否喝酒后驾驶。

当酒精到达肝脏时，就开始发生化学转化或代谢，从而被排出体外。酒精代谢分为两个阶段，首先，醇脱氢酶将酒精转化为乙醛（乙醛本身毒性很强）；然后，另一种叫作乙醛脱氢酶的酶将乙醛转化为乙酸。这个过程很缓慢，一小时只能代谢一标准杯的量。在通过肝脏后，尚未代谢的那部分酒精以及少量乙醛，继续被输送到身体的其他部位。但是，除了少量酒精通过呼吸、尿液或汗液排出，体内所有的酒精最终都会回到肝脏进行代谢。

大脑中的酒精

在通过身体的其他器官后，酒精到达大脑底部，也就是血脑屏障。血脑屏障是一个特殊的毛细血管网络，旨在阻止可能伤害大脑的有害物质进入。酒精与许多其他化学物质不同，酒精分子很小，很容易穿过血脑屏障。酒精进入大脑后，就会扩散到整个脑组织，这时饮酒者就开始感受到酒精的影响。

大脑是由数十亿个被称为神经元的特殊神经细胞组成的，神经元之间通过从一个神经元传递到下一个神经元的电化学脉冲进行交流。在上一个神经元的末端（或轴突）和下一个神经元的前端（或树突）之间有一个间隙，被称为神经突触。

神经递质

神经递质是储存在神经元末端囊泡中的化学物质。当神经冲动到达神经元的末端时，神经递质被释放到神经突触，促进（激发）或阻碍（抑制）神经冲动从上一个神经元传到下一个神经元。这是因为集中在特定脑区的某些神经递质是兴奋性的，而集中在其他脑区的那些神经递质是抑制性的。在大脑中，酒精会影响多种神经递质。这些神经递质的活动，不仅是我们看到的醉酒者身上的醉酒行为的原因，也是人们在喝酒时体验到愉悦感等强化效果的原因。

酒精主要影响这两种神经递质：谷氨酸和 γ - 氨基丁酸（GABA）。谷氨酸是大脑中主要的兴奋性神经递质，在大脑中分布广泛；γ - 氨基丁酸在大脑中的分布也很广泛，但它的作用是抑制神经元的活动。在正常情况下，谷氨酸和 γ - 氨基丁酸共同作用，使机体在特定时间维持在最佳的唤醒水平。当一个人喝酒时，酒精首先促进 γ - 氨基丁酸的释放。然后，饮酒者开始感到放松，并产生幸福的感觉。随着血液酒精浓度的升高，它会抑制谷氨酸的释放，从而使饮酒者的思维过程、语言和动作变慢，其判断力也会被削弱。如果血液酒精浓度明显升高，饮酒者甚至可能晕倒。

血液中的酒精也会促进大脑奖励中心的神经递质多巴胺的释放。事实上，每当我们参与那些给我们带来愉悦感受的活动时，多巴胺就会释放。当我们喝酒时，正是多巴胺的释放使我们感到兴高采烈、热情洋溢、无拘无束。这些感受得到了极大的强化，使人们想喝个不停，喝了一杯还想再喝三杯。然而，这股兴奋劲儿很快就会过去。这在血液酒精浓度的上升阶段，即开始饮酒时，尤其明显。随后，愉悦感开始消退。为了重新获得愉悦感，人们可能会喝下更多酒，但却感受不到最初那种良好感觉了。相反，饮酒者的身心都受到了更大的损害。

如果连续不断地饮酒（例如每天），身体可能会适应酒精带来的影响。最初开始喝酒时的那种愉悦感会变得越来越弱，直到最后可能完全消失。但是，这种感觉如此美妙，对人如此重要，因此人们总想找回这种感觉。在这个时候，人们就可能开始对酒精上瘾了。

酒后失忆

有些人晚上外出时，可能会喝得酩酊大醉，但意识仍然非常清醒，还能与身边的人交谈互动。等到第二天酒醒后，他们可能记不起前一天晚上一起喝酒的某些人，或者一个都记不起，也记不起自己醉酒期间所发生的事。这种现象被称为酒后失忆，或称为酒后记忆断片。与字面意思相反，这并不是说饮酒者昏迷了，而是指这个人不能回忆起他在醉酒期间发生了什么事。这些经历从他的记忆中被抹去了。

最初，人们认为酒后失忆是酒精使用障碍的一个标志。但是，最近的研究表明，事实并非如此。实际上，酒后失忆主要发生在年轻人身上，其中一些是未成年饮酒者。酒后失忆与特定的饮酒模式有关，虽然并不是所有有这种饮酒模式的人都会出现酒后失忆的现象。

在短时间内快速而过量地饮酒是最容易导致酒后失忆的饮酒模式。这样饮酒会导致血液酒精浓度迅速上升到一个很高的水平。这种饮酒模式的饮酒者，具有增强动机的特征，他们就是想要"喝得尽兴"，因为"太高兴了"。很多青少年都是这种饮酒模式。事实上，有报道称，饮酒的大学生中约有 50% 的人在大学期间经历过酒后失忆。

　　酗酒对大脑造成的有害影响，是酒后失忆的根本原因。青春期是大脑成熟的关键时期，饮酒特别容易影响到发育中的大脑。过量饮酒会导致海马体受损，而海马体是我们对事件形成记忆的脑区。如果海马体受损，短时记忆就无法整合为长时记忆，导致的结果就是酒后失忆。酗酒还会消耗 γ - 氨基丁酸和谷氨酸，从而改变其他脑区神经系统中的化学物质的结构。最后，相较于其他饮酒者，有酒精问题家族史的饮酒者更有可能出现酒后失忆，这表明酒后失忆具有遗传因素。

酒后宿醉

　　人在大量饮酒之后，睡了一晚醒来时，可能会有严重的宿醉反应。这是因为血液酒精浓度现在几乎降到了零，而不久之前还处于较高的水平。宿醉的症状包括身体不适，如头痛、恶心、呕吐和极度口渴；还包括一些心理方面的症状，如焦虑、抑郁和无法集中注意力。这些症状表明身体曾经处于亢奋状态。前一天晚上，体内的酒精起到了镇静剂的作用，减缓了身心活动的进程。身体对酒精的反应是通过建立代偿机制，用亢奋来抵消酒精的影响。在酒精从饮酒者体内排出一段时间后，这种亢奋状态仍在继续。于是，饮酒者就出现了宿醉。

当然，决定宿醉严重程度的一个因素是饮酒量：喝的酒越多，宿醉就会越严重。另一个不太明显的因素是酒精饮料的某些其他特性——特别是酒精饮料中所含同源物的量。同源物是酒精饮料在发酵或蒸馏过程中形成的化学杂质，其中一些具有很强的毒性。通常，颜色越深，同源物就越多。相较于浅色酒精饮料（如伏特加、杜松子酒或白葡萄酒）来说，深色酒精饮料（如威士忌、红酒）所含的同源物更多。

研究人员已经进行了很多实验，以测定不同含量的同源物对宿醉严重程度的影响。在这些研究中，被试被分为两组，一组喝的是同源物含量低的伏特加，另一组喝的是同源物含量高的波旁威士忌，但两组被试的饮酒量相同。第二天早上，研究人员对被试的宿醉症状进行了评估，结果与预期一致。相较于前一天晚上喝伏特加的被试组来说，喝波旁威士忌的被试组的宿醉症状更严重。此外，罗森诺夫（Rohsenow）等人在 2010 年研究了这些被试的睡眠质量，以及他们的神经认知表现。虽然饮酒后被试的睡眠质量和神经认知表现有所下降，但酒精饮料中的同源物只影响宿醉的严重程度。还有些饮酒者报告说，颜色较深的酒精饮料比颜色较浅的酒精饮料对他们的消极影响更大。因此，他们选择喝那些颜色较浅的酒精饮料，而不喝颜色较深的酒精饮料，比如他们喝白葡萄酒，而不喝红葡萄酒。

酒精戒断反应

酒精戒断反应是指酒精依赖者突然停止饮酒后出现的一系列症状。酒精依赖者养成了习惯，每天都要喝很多酒。人的身体为了适应这种情况，会发展出代偿机制，这与重度饮酒者在单次暴饮中发展出的机制相似，但要严重得多。在这两种情况下，当不再有酒精摄入时，大脑就会发出不愉快的信号，表明身体正遭受痛苦。

酒精作为一种镇静剂，会触发某些适应过程，导致神经兴奋，并在突然停止饮酒时出现戒断症状。戒断初期常见的症状包括失眠、焦虑、躁动，在某些情况下还会出现心跳异常加快（心动过速）和血压升高（高血压）。对于重度酒精依赖者，在戒断的后期可能会出现一些其他症状。这些症状可能包括意识极度混乱（震颤性谵妄，DTs）、癫痫发作、出现幻觉（看到不存在的东西，比如看到蛇在墙上爬）和妄想（对于那些没有现实根据的想法深信不疑，比如觉得自己正在遭受迫害）。

戒酒可能会危及生命，因此，戒酒的人必须接受医疗护理。戒断症状可以通过医学上的解毒手段成功地加以控制，如通过服药（苯二氮卓类药物）来预防戒断症状。如果由于某些原因无法获得医疗帮助，例如正在人迹罕至的深山里狩猎，那最好的办法就是给他酒喝。

酗酒的长期影响

酗酒会对身体的各个器官和系统都造成长期损害。酒精本身及其代谢物乙醛，对肝脏、心脏和大脑等都有严重的毒性作用。营养不良是另一个问题，因为酗酒者一般都不吃饭，而是依靠酒精这种只有空热量的"粮食精"。空热量食物虽然能提供能量，但几乎没有营养价值。

肝脏疾病

酒精引起的肝脏疾病，会经历三个连续的阶段，病情逐渐加重。第一阶段为脂肪肝。身体将酒精中的热量转化为脂肪，并以脂肪滴的形式储存于肝脏中。脂肪肝在初期阶段，通常不是太大的健康问题，如果这时戒酒，脂肪肝可以得到逆转。

酒精性肝炎是肝脏疾病的第二阶段。这时肝脏开始发炎，症状包括细胞损伤引起的发红、肿胀、发热，以及肝功能受损。脂肪肝不一定是酒精性肝炎的先兆，相反，只要连续几天大量饮酒就可能导致肝脏发炎。肝细胞严重受损甚至可能导致死亡。

第三阶段是肝硬化，这是最严重的一种肝脏疾病，是连续多年大量饮酒引起的。这时肝细胞发生了纤维化，导致肝细胞无法再生，最终肝脏失去正常功能。很多时候，肝脏移植是治疗肝硬化的唯一方法。

心血管疾病

过量饮酒会以多种方式对心血管系统产生不良影响。它会损害心肌（心肌病），导致心脏的泵血效率降低。它还会导致冠状动脉疾病（动脉粥样硬化）、心律不齐（心律失常）和血压偏高（高血压）。这些都会增加心脏病的发病率。

研究证据表明，酗酒对心脏以及身体的其他所有器官和系统都有害。但是，适量饮酒对健康有益吗？媒体已经大肆宣传说适量饮酒，尤其是红葡萄酒，可以预防心血管疾病。喝红酒对身体有很多好处，这一传言就是"法国悖论"。虽然法国人的饮食中饱和脂肪含量很高，但总体而言，法国人的心脏病发病率比其他国家要低得多。有人认为，法国人吃饭时喝葡萄酒（尤其是红葡萄酒）的习惯，可以解释这一现象。这种解释可能是合理的，因为红葡萄酒中含有多种抗氧化剂，如白藜芦醇或褪黑素，可能降低了法国人患心脏病的风险。

事实上，大量研究表明，终生适量饮酒（每天 1 ~ 2 杯，但不一定是喝红葡萄酒）对预防由于供血不足引起的缺血性心脏病很有好处。然而，需要强调的是，这种益处来自持续地适量饮酒。如果反复地酗酒一段时间又戒酒，并不会带来这种益处；对于那些曾经重度饮酒但现在已经节制饮酒的人，也不会有这种益处。

还应该强调的是，这些主要是流行病学的证据，这意味着结论只是根据统计学上的平均值得出的，而不是根据个人饮酒者得出的。这些证据主要也是相关性研究，这意味着结论只是表明终生适量饮酒与较低的心脏病风险相关，而不是说这种饮酒模式必定会降低人们的心脏病发病率。产生这种关联的最终原因，也可能是其他因素。例如，相比于重度饮酒者或戒酒者，轻中度饮酒者的饮食可能更健康；或者轻中度饮酒者的经济条件更好，生活中的压力更小。

由于缺乏确凿的证据，美国心脏协会和英国心脏基金在解释健康饮酒的含义时都很谨慎，这是可以理解的。美国心脏协会指出，研究并没有证明饮酒和心脏健康之间存在因果关系，他们明确建议那些本来不喝酒的人不要贸然开始饮酒；英国心脏基金会还指出，饮酒带来的风险远远超过了那些潜在益处。总之，美国癌症协会最近采纳了"最好不要饮酒"的建议。

脑损伤

长期大量饮酒会对大脑产生有害影响。酒精作为一种神经毒素，会破坏脑组织，导致大脑体积缩小。反过来，这又会导致大脑不同结构之间的交流效率降低。酒精还会导致人的行为和心理功能出现明显缺陷，但是，智力的不同组成部分的衰退速度并不完全一致。一方面，语言能力（使用词语并理解其含义的能力）以及回忆遥远过去事件的能力，可能相对完好无损。另一方面，抽象思考能力（例如，根据一个人的行为表现而对其有深刻认识，以及根据现有证据而得出有效结论）则可能会严重受损。

韦尼克 - 科尔萨科夫综合征（Wernicke-Korsakoff syndrome）是一种以智力急剧下降为特征的器质性脑病，而智力急剧下降也是酒精中毒晚期的标志。虽然这两种健康问题可能同时发生在一个人身上，但这一组症状实际上是两种不同的大脑疾病。韦尼克脑病的特征是大脑炎症，患者精神错乱、共济失调（对身体运动的控制不足），眼睛看东西可能出现重影。这是缺乏硫胺素（维生素 B_1）导致的，有时可以通过硫胺素治疗进行纠正。

如果韦尼克氏脑病治疗不成功，就可能会发展成为科尔萨科夫综合征（Korsakoff psychosis）。科尔萨科夫综合征与韦尼克氏脑病有一些相同的特征，但它的特点是不能辨别方向、虚构（编造想象的经历来弥补丧失的记忆）和严重的记忆障碍。例如，科尔萨科夫综合征患者可能不记得他自己刚刚进行的对话（例如，在最近一小时与医生的对话）。在科尔萨科夫综合征患者身上观察到的严重的记忆损伤，通常是无法逆转的。

胎儿酒精综合征

胎儿酒精综合征是属于统称为胎儿酒精谱系障碍（Fetal Alcohol Spectrum Disorder）的系列疾病中的一种。该系列的疾病严重程度不一，有的轻微，有的严重，胎儿酒精综合征是其中最严重的。胎儿酒精谱系障碍主要指的是母亲在怀孕期间饮酒导致其生下的孩子身上出现的各种心理和身体异常。

胎儿酒精综合征包括三个方面的异常。第一，面部特征异常，主要表现为眼睛小、人中平滑、上嘴唇较薄。第二，在出生前和出生后，身体都有发育迟缓的现象。第三，智力发育异常和行为困难，如多动症和注意力缺陷。

这些异常的发生，是因为酒精是一种公认的致畸原，酒精会导致胚胎发育畸形及随后的胎儿发育畸形。孕妇饮酒时，酒精很容易通过胎盘进入胚胎或胎儿体内。酒精会在胎儿体内高度沉积，因为胎儿尚处于发育中，无法像母亲的身体那样代谢酒精。母亲酗酒是胎儿遭受伤害的最高风险因素。特别是怀孕初期，胎儿最为脆弱，这个时候母亲酗酒对胎儿的伤害最大。

在怀孕期间饮酒的酒瘾产妇的病例中，经常记录到各种严重程度的胎儿酒精综合征。怀孕期间少量饮酒并不一定会引起胎儿酒精综合征，但是可能会导致轻度的胎儿酒精谱系障碍。而且，研究普遍认为，不论怀孕期间饮酒量多么微小，都是不安全的。美国疾病控制与预防中心（Center for Disease Control，CDC）发文明确指出，怀孕期间饮酒是危险的。CDC警告说，在怀孕期间饮酒会给孩子造成终生的身体残疾、行为残疾和智力残疾。同样，英国皇家妇产科学院警告那些已经怀孕或认为自己可能怀孕或正在哺乳期的女性，最安全的方法是滴酒不沾。

酒精引起的疾病负担

人们的饮酒行为和酗酒行为，都会使个人和整个社会付出巨大的代价，其中包括医疗代价、心理代价、社会代价和经济代价。

确切地说，饮酒是导致死亡和残疾的一个主要原因。例如，在美国，酗酒是第三大可预防的死亡原因，据估计28%

的交通事故导致的死亡都与饮酒有关。发生交通事故的原因是，在酒精的作用下，机动车驾驶员的认知能力和反应速度都受到了严重损害。驾驶员的错误判断，使他们冒险做出愚蠢行为。在年轻人中，与酒精有关的死亡和残疾比例更高。在 20 ～ 39 岁的人群中，约有 13.5% 的死亡是酒精造成的。

世界卫生组织报告称，酒精会导致 200 多种不同的疾病和与伤害相关的健康问题。除了酒精依赖和我们已经讨论过的那些酒精相关疾病，还包括各种癌症（如乳腺癌、肝癌、口腔癌、食道癌、咽喉癌），传染病（因为酒精会对人体的免疫系统造成损伤），糖尿病，神经精神疾病（包括痴呆和重度抑郁症等），以及酒精引起的各种事故和伤害。总体而言，全球 5.1% 的疾病负担可被归因于酒精。

如果父母一方或双方都有酗酒问题，孩子也会受到酒精问题的影响。据报道，美国有超过 10% 的儿童与有酗酒问题的父母生活在一起。在未成年人中，饮酒（特别是酗酒）现象非常普遍，这是一个日益严重的问题。正如我们所看到的，未成年人饮酒会影响他们大脑的正常发育，增加他们患上酒精使用障碍的风险。年轻人饮酒会造成一系列的严重后果，包括身体伤害、约会强奸和其他性侵行为，以及车祸等死亡

事件。另外据报道，大学生酗酒对他们的学业成绩有显著的
负面影响。上述的这些问题，以及酗酒造成的其他危害，给
社会带来了巨大的经济负担。例如，据估计，酒精滥用每年
给美国造成至少 2.5 亿美元的损失。

大脑如何支持饮酒动机？

正如我们所看到的，在多次过量饮酒后，大脑会建立起
神经适应过程，来抵消体内酒精的影响。当这种情况发生时，
饮酒者通过饮酒体验到的愉悦程度就不再像以前那么强烈了。
但是，他们还是千方百计地想要重新找回那种曾经有过的快
感。换句话说，虽然饮酒者觉得没有以前那么享受，但他们
仍然有很强的动机想要继续喝酒。

如果把喝酒当成一件很重要的事，或者把喝酒当成一
个长远目标，那么人们就会选择性地注意到环境中那些酒的
诱惑。例如，每周在超市例行购物时，他们可能会不自觉地
从摆放酒品的货架边上经过。他们的注意力自动地就被酒吸
引过去了，甚至他们自己都没有注意到。即使他们当时并没
有买酒的打算，但他们也可能会从摆放酒品的货架旁边"经

过"，看看有些什么好酒在卖。一看到酒，他们就会想，要是能喝一杯那该多爽啊。他们可能看到有款酒正在打折，那为什么不买呢！他们可能会买一瓶带回家，晚上放纵一下，即使他们知道自己喝得太多了，即使他们前不久才下决心要减少饮酒量。

大脑还可以通过另一种方式来增强人们的饮酒动机。有饮酒习惯的人会对先前的"中性"线索产生条件（或者说习得）反应，这些线索会让他们想起自己过去经常喝的那些酒。这些线索可能包括他们最喜欢的酒杯、一瓶啤酒、一段展示人们正在欢快畅饮的酒类广告，或者他们在街上看到的一个酒吧或酒馆。对这些刺激的习得反应，我们可能不容易注意到，但通过专门的实验室设备是可以检测到的——这种反应与我们对酒精本身的反应相似，可能包括心率的变化或者皮肤电导反应（皮肤电反应），也可能包括人们意识到的反应，比如强烈的喝酒欲望（渴望）。科学家将这些对饮酒线索产生的习得反应称为"饮酒欲望"，并将其与"饮酒喜好"进行区分，后者是一种由饮酒行为本身而产生的愉悦反应。

神经科学家已经证实，决定人们想要喝多少酒的大脑回路与决定他们多么喜欢喝酒的大脑回路是不同的。想要某样东西是一种动机，它是由大脑中活跃的神经元网络产生的，其中包括多巴胺的释放。另外，对某样东西的喜欢是由一个更小更精细的神经元网络产生的，不需要释放多巴胺。酒精成瘾涉及对"饮酒欲望"的强化——通过对与饮酒相关的线索形成条件反应，而不涉及人们实际饮酒时对"饮酒喜好"的强化。

在后面的章节中，我们会对饮酒动机展开详细讨论，并探索人们生活中的人际关系目标、经济目标、教育目标等其他目标如何影响他们的饮酒动机。

第 4 章

酗酒的遗传因素

当我们遇到有严重酗酒问题的人时，我们很可能会对自己的所见所闻感到困惑。为什么有人会做出这种自我毁灭的行为，特别是已经下决心再也不喝酒的人？如果饮酒者的家人都酗酒，那我们可能会问酗酒是不是遗传的。这是很自然地就会想到的一个问题。本章我们将针对"酗酒是否与遗传有关"这个问题，介绍相关的科学研究证据。

家系研究

科学家已经对至少一人有饮酒问题的家庭开展了一些研究，计算了其家人酗酒的发生率。半个多世纪以前，这些研究报告称，酗酒者的男性亲属中，至少有 25% 的人酗酒。当时，有酗酒问题的女性比男性少；但根据报告，酗酒者的女性亲属中，也有 5% ~ 10% 的人酗酒。因此，这些研究清楚地表明，酗酒问题往往会在家族中流行。根据这些统计数据，我们可以得出这样的结论：如果某人的直系亲属中有人酗酒，那么此人酗酒的风险就会很大。不过，这也不是绝对的。

但是，如果全家很多人都有酗酒问题，我们能得出什么结论呢？也许我们可以得出一个最明显的结论，即酗酒是遗传性的。但是，也存在另一个可能，即他们酗酒是因为成长环境相同。同一个家庭的成员可能对饮酒有相似的态度，也有相似的饮酒习惯。还有另一种解释，也是最合理的解释，即遗传和环境因素共同导致了人们的酗酒行为。可以看出，为什么酗酒会在一个特定家庭中流行，这是一个很难弄清楚的复杂问题。事实上，多年来科学家一直在寻找酗酒问题在家族中流行的确切原因。特别是，他们千方百计地想将遗传因素与环境因素分离开来。为此，他们进行了两类研究：领养研究和双胞胎研究。

领养研究

美国堪萨斯大学医学中心的精神病学家唐纳德·古德温（Donald Goodwin）是这项研究的先驱之一，他利用领养研究，将酗酒的遗传因素与环境因素分离开来。通过比较两组不同被领养者的酗酒率，可以实现这两种因素的分离。其中一组被领养者的亲生父母都酗酒，但孩子很小就被领养，并与亲生父母分开。另一组被领养者在很小的时候也与其亲生父母分开了，但他们的亲生父母都不酗酒。将这组被领养者的酗酒率与另一组被领养者的酗酒率进行比较。这两组被领养者在相似的环境中长大，因此他们之间的唯一区别就是：一组的生物学父母酗酒，而另一组的生物学父母不酗酒。因此，如果生物学父母酗酒的被领养者的酗酒率高于生物学父母不酗酒的被领养者，这就表明酗酒的被领养者从其生物学父母那里继承了某些遗传因素，这些因素导致了他们自己的酗酒问题。

为了开展这项研究，古德温与丹麦的研究人员进行了合作。这是因为丹麦与其他斯堪的纳维亚国家一样，保持着人口登记制度，对每个丹麦居民的详细信息都有记录。而且，他们还保留了禁酒登记制度，对所有已知因法律原因或医学原因而患有酒精使用障碍的人都进行了记录。古德温和他的丹麦合作者获得了访问这些登记文件的许可，他们从中收集了研究所需的各种信息。他们的主要问题是，生物学父母酗酒的被领养者的酗酒率是否更高。

研究结果表明，生物学父母酗酒的一组，有 18% 的人被诊断为酗酒；而生物学父母不酗酒的一组，只有 5% 的人被诊断为酗酒。换句话说，酗酒者的孩子酗酒的可能性是不酗酒者的孩子的三倍多。因此，这些结果表明，遗传因素在一定程度上决定了人们是否会出现酗酒问题。

斯德哥尔摩领养研究是另一项规模更大的领养研究，这项研究也是在斯堪的纳维亚半岛进行的。美国圣路易斯华盛顿大学医学院的精神病学家罗伯特·克罗宁格（Robert Cloninger）和他的瑞典合作者迈克尔·博曼（Michael Bohman）以及赛林·西格瓦尔德松（Sören Sigvardsson）共同主持了这项研究。与丹麦的领养研究一样，斯德哥尔摩领养研究也利用人口登记和禁酒登记，来比较酗酒者生下的孩子与不酗酒者生下的孩子的酗酒率。斯德哥尔摩研究的主要发现如下：

在瑞典男性被领养者中，生物学父母酗酒的被领养者的总酗酒率，是生物学父母不酗酒的被领养者的 2 ~ 3 倍。这个比率与古德温和同事在丹麦进行的研究所得相当。这些研究结果再次表明，酗酒问题具有遗传因素。

斯德哥尔摩的研究人员在对数据进行更详细的分析后，将男性被领养者分为两种酗酒类型。Ⅰ 型酗酒者是焦虑的人，他们在 25 岁以后才开始酗酒。这种类型的酗酒具有遗传和环境方面的因素。而Ⅱ型酗酒者是冲动的和不爱交际的人，他们在25岁之前就开始酗酒了。Ⅱ型男性酗酒者的生物学父亲的酗酒行为对他有很大影响；事实上，Ⅱ型酗酒者主要是因遗传而酗酒的。

其他许多研究人员也将酗酒者分为几种不同的类型。有些研究像克罗宁格等人那样将酗酒者分为两种类型，但也有些研究者将酗酒者分为三种或四种类型，有的甚至分为五种类型。即便如此，这些分类中都有两种类型与克罗宁格等人的Ⅰ型酗酒者和Ⅱ型酗酒者非常相似。这些将酗酒者分为不同类型的研究很有意义，它们证明了酗酒不是单一疾病。相反，酗酒者有多种类型。但是，不管是什么类型的酗酒者，都具有这样的典型特征——过度沉溺于饮酒，而且出现了饮酒带来的一系列不良后果。然而，不同的酗酒者有不同的饮酒动机和模式，而且导致他们过度饮酒的生活因素也各不相同。

接下来，斯德哥尔摩的研究人员分析了样本中女性被领养者的酗酒情况。在这些女性中，可以找到Ⅰ型酗酒者，但找不到Ⅱ型酗酒者。因此，男性和女性中都有Ⅰ型酗酒者——高伤害回避，低新奇追求，通过饮酒缓解焦虑；而只

有男性中才有 Ⅱ 型酗酒——高新奇追求，通过饮酒寻欢作乐。与 Ⅰ 型男性酗酒者不同，生物学父亲的酗酒行为对其女儿是否酗酒的影响不大，而生物学母亲的酗酒行为对其女儿是否酗酒有很大影响。

为了检验斯德哥尔摩领养研究的结果在独立样本中是否可重复，这些研究人员在瑞典哥德堡进行了跟踪研究。在瑞典进行的这两项研究，研究设计相同，研究结果也相似。在哥德堡的男性被领养者中，如果其生物学父母中有一方或双方都酗酒，那么被领养者的酗酒率要比生物学父母双方都不酗酒的高得多。在女性被领养者中，生物学父亲酗酒不会增加被领养者酗酒的风险；但是，生物学母亲酗酒的女性被领养者的数量太少，因此研究人员无法计算生物学母亲酗酒对女儿酗酒风险的影响。

美国与斯堪的纳维亚半岛不同，很少进行领养研究，因为在美国，被领养者的亲生父母信息被高度保密，很难获得。虽然困难重重，但是艾奥瓦大学的精神病学家雷米·卡多雷特（Remi Cadoret）跟他的合作者还是想方设法，从艾奥瓦州的几个领养机构和家庭服务机构获得了必要的信息。他们的研究结果表明，在男性被领养者中，遗传因素和环境因素都

在其酗酒问题的发展中起重要作用。如果被领养者的生物学
父母或祖父母酗酒，那么被领养者出现酗酒问题的风险将增
加 4.6 倍。环境因素的影响，例如领养家庭的酗酒问题，使被
领养者出现酗酒问题的风险增加 2.7 倍。因此，在遗传因素影
响方面，艾奥瓦州的研究结果与斯堪的纳维亚半岛的研究结
果基本一致。

在美国和其他国家，相较于领养研究，人们更关注双胞胎
研究。接下来我们将介绍一下从双胞胎研究中收集到的证据。

双胞胎研究

双胞胎研究比领养研究更受欢迎，这主要是因为双胞胎
样本比被领养者样本更容易找到。实际上，双胞胎研究的数
量是领养研究数量的两倍多。

与领养研究一样，双胞胎研究也旨在将酗酒问题的遗传
因素与环境因素分离开来。为了确定遗传因素的作用，这些
研究比较了同卵双胞胎的酗酒率和异卵双胞胎的酗酒率。同
卵双胞胎的基因组成完全相同，但是异卵双胞胎和普通的兄
弟姐妹一样，只有一半的基因相同。因此，如果遗传因素在

酗酒问题的发展中起着重要作用，那么如果同卵双胞胎中的一个酗酒，另一个酗酒的概率就应该高于异卵双胞胎。

第一个关于酗酒问题的双胞胎研究，是伦纳特·凯伊（Lennart Kaij）在瑞典进行的。通过出生记录和禁酒委员会的登记，凯伊找到了居住在瑞典斯科讷省的一大群男性双胞胎。他采访了这些双胞胎，通过人类学标记和血型鉴定等方法，判断他们是同卵双胞胎还是异卵双胞胎。凯伊发现，同卵双胞胎中两人都有酗酒问题的大约占 61%，但在异卵双胞胎中两人都有酗酒问题的比例要少得多，只有 39%。因此，这些研究结果与"酗酒问题具有遗传因素"的观点是一致的。之后有关同卵双胞胎与异卵双胞胎酗酒率的比较研究，大多都是在斯堪的纳维亚半岛（瑞典和芬兰）及美国进行的，这项研究也同时在澳大利亚和英国展开。在这些研究中，双胞胎一般是从双胞胎登记处招募的，但在某些研究中双胞胎是通过酗酒治疗项目的记录找来的。这些研究大多表明，同卵双胞胎组的酗酒率明显高于异卵双胞胎组。

简而言之，领养研究和双胞胎研究都支持以下观点：酗酒问题具有遗传因素，而且对于男性来说尤其如此。前面已经介绍了这方面的相关证据，现在我们来探讨究竟是什么遗传因素导致了某些人比其他人更容易出现酗酒问题。

遗传因素

领养研究和双胞胎研究已经进行了很长时间的探索，让科学家们明确认识到，遗传因素确实在酗酒问题的发展过程中发挥了作用。但是，这些研究并没有阐明究竟遗传了什么。酗酒本身是不能遗传的。个体的基因构成只会增加他酗酒的风险。但是，这些风险因素究竟是什么呢？

其中一种可能性是，个体遗传了某些人格特征（如性格冲动，或挫折忍受力低），这可能会增加他沉迷于饮酒并发展为酒精使用障碍的概率。第5章详细讨论了人格特征与酗酒的关系，因此在这里不对人格特征做过多的介绍。

另外，我们也知道，身体对酒精的反应因人而异，个体差别很大。有些人对酒精的影响相对不敏感，他们要喝很多酒才会情绪高涨，或者要喝很多酒才会出现不良反应。有些人可能对酒精有强烈的积极体验，而很少有消极体验，这增强了他们过度饮酒的动机。还有些人喝了酒会出现强烈的不良反应，因此这成了一种防止过量饮酒的内在保护机制。

接下来我们将回顾相关研究及证据，介绍酒精反应的不同类型，以及遗传因素如何增加个体的酗酒风险。

抑制应激反应

人们一度认为，酒精的主要心理学效用是缓解紧张，减轻心理压力。因此有人认为，人们喝酒是为了获得缓解压力的效果。有很多研究对"饮酒可以缓解各种紧张情绪和心理压力"这一假设进行了验证，但结果差异很大。此后，人们对"饮酒可以缓解各种紧张情绪和心理压力"这个假设进行了完善，并提出了一个新的假设。由于酒精对应激反应具有抑制作用，因而受到了很多研究者的关注。人们认为酒精不会缓解紧张情绪和心理压力，但酒精具有特殊的抑制作用，即减少个体对可识别压力源的反应。这一新的假设认为，相比其他人，对于那些有酗酒风险的人，特别是那些有酗酒家族史的人来说，酒精对他们的应激反应的抑制作用更大。

从 20 世纪 80 年代到 21 世纪初期，多个实验室对酒精抑制应激反应的能力进行了研究。这些研究通常根据被试的父亲是否酗酒，将他们分为高风险组和低风险组。但是，有时也根据被试在人格量表上的得分高低，来对他们进行分组，这个人格量表主要测量酗酒者的人格特征（例如外向、好斗、冲动和反社会的程度）。

当被试来到实验室时，就给他们喝一杯"酒精饮料"，实际上，这杯饮料可能是酒精饮料，也可能是作为对照的非酒精饮料。等被试喝下的"酒精饮料"被吸收后，研究人员给他们施加压力。在许多研究中，通过不停地给予被试电击，从而让其感到压力。当然，这些电击是温和无害的，但是可能遭到电击会让人感到非常紧张。在其他的研究中，研究人员告知并要求被试，将在观众面前发表一篇关于他们喜欢和不喜欢自己身体和外貌的演讲。同样，发表高度个人化的演讲会让人感到很大的压力。在被试准备演讲期间，研究人员对其压力反应进行了多种测量。在有些研究中，测量的是身体反应，如心率等心血管指标、肌肉张力和皮肤电导率；在有些研究中，测量的是被试的皮质醇水平。皮质醇是一种压力激素。当我们感到紧张的时候，就会释放出皮质醇，帮助我们应对压力。因此，与其他身体指标一样，皮质醇是衡量一个人压力大小的客观指标。有些研究不测量身体指标（或者在测量身体指标的同时），而是要求被试在量表上对他们自己感受到的紧张程度进行评分，或要求他们将刻度盘上的指针拨到相应位置，以测量他们的压力水平。

在这些研究中，大多数研究的被试是男性。研究结果一致表明，相较低风险男性被试，酒精对高风险男性被试的应激反应的抑制作用更大。其中，只有两项研究的被试是女性。其中一项研究发现，酒精对女性酗酒者应激反应的抑制作用更大；但是，另一项研究并没有这样的发现。因此，总体来说，酒精对男性高风险被试的应激反应的抑制作用，得到了实证研究强有力的支持。

对酒精的厌恶反应

正如第 3 章所介绍的，进入体内的酒精通过肝脏进行代谢。首先，一种叫作醇脱氢酶的酶通过化学反应将乙醇转化为乙醛，而乙醛本身具有很大的毒性。在大多数人体内，一种叫作乙醛脱氢酶（ALDH）的酶会迅速将乙醛分解成乙酸。但是，有些人遗传的 ALDH 基因发生了突变，这种突变产生的酶对乙醛的代谢效率非常低。在东亚人种（即中国人、日本人和韩国人）中，这种突变相当常见。携带这种基因突变的人如果饮酒，那他的血液中就会积聚大量乙醛，而且会出现强烈的反应，包括严重的恶心、呕吐以及皮肤发红。因此，携带有这种基因突变的人（特别是东亚人种）过度饮酒的风险很低，因此也不太可能染上酒瘾。

对酒精低敏感

为了进一步确定高酗酒风险人群与低酗酒风险人群对酒精的反应有何不同，美国加州大学圣地亚哥分校的精神病学家马克·舒基特（Marc Schuckit）对有酗酒家族史和没有酗酒家族史的年轻男性进行了一项对比实验研究。研究人员在实验室里给这些年轻人喝下一杯酒精饮料，之后每隔一段时间，他们就对自己的情绪和醉酒程度进行自我评估。研究发现，虽然两组被试的血液酒精含量相当，但与对照组相比，有酗酒家族史的年轻男性认为自己的醉酒程度较低。

后来使用自我评估问卷进行的研究也表明，与低酗酒风险被试相比，高酗酒风险被试对酒精的反应更弱。其他使用各种方法测量身体指标的研究也表明，高酗酒风险被试对酒精的反应不如低酗酒风险被试那么强烈。这些身体测量标准主要包括静态共济失调（当一个人试图保持固定姿势时身体不自主地摇晃）程度，各种激素水平，以及脑电活动和其他类型的脑活动。高酗酒风险被试对酒精的相对不敏感也被证实可以预测其酒精使用障碍的发展。因此，这些研究为马克·舒基特的假设提供了实质性的支持，即高酗酒风险者比其他人对酒精的影响更不敏感。此外，舒基特还推断到，高酗酒风险者对酒精的相对不敏感意味着如果他们想要通过饮酒获得某种"好处"，那他们必须比其他人喝更多酒。但是，喝这么多酒会对年轻人的身体产生不利影响，并加速酒精使用障碍的发展。

其他很多研究都没找到对酒精低敏感性假设的支持。事实上，一些研究得到了和预期相反的结果。也就是说，与低酗酒风险者相比，高酗酒风险者对酒精更敏感。为了解决这些相互矛盾的研究结果，心理学家大卫·纽林（David Newlin）和詹姆斯·汤姆森（James Thomson）提出了差异化模型来解释这些不同的研究结果。

差异化模型

在差异化模型的发展过程中，纽林和汤姆森在 1990 年首先区分了那些得出结论支持酒精低敏感模型的研究与未能得出结论支持该模型的研究之间的差异。在他们回顾的 45 项研究中，有 13 项研究（约 29%）发现，高酗酒风险被试对酒精的敏感度不如低酗酒风险被试；但有15项研究（约33%）发现，高酗酒风险被试对酒精更敏感；还有17项研究（约38%）发现，高低两组酗酒风险被试之间的差异太小，不足以认为差异是显著的。纽林和汤姆森得出结论认为，这些结果"非常不一致"。

他们注意到，结论相反的两类研究在饮酒后进行测量的时间点不同。这非常重要，因为无论是在什么场合饮酒，饮酒者的身体对酒精的反应都有两个不同的阶段。在第一阶段，当血液中的酒精浓度上升时，饮酒者会感到愉悦和兴奋。在第二阶段，当血液中的酒精浓度下降时，饮酒者会感到疲倦和困倦，甚至会感到焦虑和抑郁。纽林和汤姆森注意到，舒基特的实验室研究测量了饮酒者在饮用酒精饮料后60分钟到300分钟内的醉酒感觉。这意味着测量是在血液酒精浓度的下降阶段进行的，这时舒基特得到的结论是，高酗酒风险被试对酒精的敏感度低于低酗酒风险被试。在其他研究中，测量是在血液酒精浓度的上升阶段进行的，这时得到的结论是高酗酒风险被试对酒精更敏感。

因此，差异化模型提出，高酗酒风险者在血液酒精浓度的上升阶段和下降阶段的反应是不同的。高酗酒风险者在血液酒精浓度的上升阶段对酒精更敏感，这时他们体验到的主要是愉悦感；但是，他们在血液酒精浓度的下降阶段对酒精则不那么敏感，这时他们体验到的主要是消极的情绪。因此，在血液酒精浓度曲线的上升阶段和下降阶段，酒精更能为高酗酒风险者带来快感。这种双重增益增强提升了高酗酒风险者放纵饮酒的动机，从而使他们面临更大的酒精使用障碍的风险。

美国得克萨斯大学奥斯汀分校的心理学家帕特里克·奎恩（Patrick Quinn）和金·弗罗姆（Kim Fromme）发表了一篇综述，回顾了所有评估低敏感度模型和差异化模型的研究，以了解高危个体对酒精的主观反应。这篇综述涵盖了数十年的研究，分析结果表明，有酗酒家族史的男性在血液酒精浓度的下降阶段对酒精不太敏感。他们还发现大量证据，表明重度饮酒者在血液酒精浓度的上升阶段体验到的兴奋感更多，而在血液酒精浓度的下降阶段体验到的镇静感明显更少。

结语

根据双胞胎研究和领养研究，估计酒精使用障碍有 50%
是遗传的，相同环境因素对酒精使用障碍的发展有 10% 的贡
献。因此，酒精依赖可以说是"中度遗传"的。这些统计数
据（遗传因素的贡献 50%，环境因素的贡献 10%）可能表明
酗酒在很大程度上是一种遗传性疾病，环境因素的影响相对
较小。但是，我们不要妄下这样的结论，理由如下：

第一，即使两个人的基因构成完全相同（比如同卵双胞
胎）或非常相似（比如生物学父母都是酗酒者），遗传因素对
他们的酒精使用障碍的发病率也只有 50% 的贡献。此外，正
如我们前面讨论的，酗酒本身是不能遗传的，某些因素使这
个人出现酗酒问题的概率增大了。这些遗传风险因素必须与
适当的环境因素发生相互作用，才能将这种脆弱性实际转化
为酒精使用障碍。

第二，统计学上这 10% 的贡献仅指相同的环境因素。很
难对相同的环境因素进行精确定义，但这些研究的假设是：
如果两个人被同一个家庭抚养长大，那他们的环境因素就是
相同的。然而，这个假设过于笼统，并不一定具有科学合理

性。出于多种原因，即使两个人在同一个家庭中长大，他们的环境因素也不尽相同。两个人可能有不同的兴趣，不同的朋友，而且他们在生活中看重的东西也可能不同。随着两人慢慢长大，这些差异带来的影响可能会越来越大。

第三，家庭以外的环境对个体的影响也很大。更广泛的环境和社会文化因素，对人们的饮酒行为也有很大影响。但是，在计算相同环境因素对酗酒 10% 的贡献时，并没有将它们考虑在内。这些更广泛的环境和社会文化因素是什么？它们是如何影响人们的饮酒行为的？我们留在第 6 章讨论。

第 5 章

性格与饮酒行为

　　为了理解人类个体对酒精反应的重要差异，有必要了解人们的心理对其行为有什么影响。换句话说，有必要了解人们的性格差异如何影响他们的饮酒行为。在这里，性格这个词的含义通常与在普通谈话中的含义不同，它不是指得到公众广泛认可的和值得赞许的主流个性特征。我们所说的"性格"是指一个人的典型思维、情感和行为方式，这些个性特征既可以代表这个人，也可以将这个人与其他人区分开来。有些性格特征是在一段时期中特有的，而有些性格特征可能会随着人生阅历的增长而发生改变。不同性格的人对酒精的沉迷程度可能不同。这些差异可能表现在以下几个方面：在什么年龄开始饮酒，是什么促使他们过度饮酒，减少饮酒或完全戒酒有多困难等。本章主要介绍我们对这些问题的研究了解，即不同的性格在饮酒行为上有什么差异，以及为什么会有这样的差异。

性格的重要成分：目标、价值和情绪

正如第 2 章提到的，人类的大脑已经进化出设定和追求目标的能力。当我们无法追求目标时，大脑就会向我们发出信号。这些信号可能表现为不愉快的情绪，比如厌烦和沮丧；这些信号也可能以欲望的形式出现，比如用尽千方百计以得到某物，因为我们认为它可以结束不愉快的情绪。这种欲望可能会变得和对酒精的渴望一样强烈。

重要的是要记住，在追求目标的过程中，人类的大脑也在进化——尽量放大那些良好的积极情绪，尽量减少那些不愉快的消极情绪。这些情绪表明其触发因素对我们的重要性。例如，从出生开始，多数人的大脑都会对适度的甜味产生积极的情绪反应，我们会喜欢上甜味，因而喜欢上那些有甜味的食物。这些食物可能会提供重要的营养，以维持身体的能量。这就是人类进化出与甜味相关的积极情感的原因。当我们后来有希望再次吃到这些甜味食物时，通常就会体验到积极情绪。如果我们对这些食物求而不得，那大脑就会自动唤起消极情绪，比如失望和悲伤。如上所述，这些情绪（无论是预期的愉快情绪，还是失败后的消极情绪）向我们表明了目标的重要性。

对于那些本来就很重要的事物来说，也是如此，比如与他人的身体亲近——可能是与自己的母亲，或者长大后与其他人。如果无法与他们身体亲近，就会促使我们采取行动，恢复与他们的身体亲近。如果与他们的身体亲近非常重要却又没能得到恢复，那我们就可能会陷入沮丧和抑郁状态。

同样地，当我们的身体受到伤害时，比如我们的头部或身体其他部位重重地撞到某样东西而受伤时，会自动唤起疼痛感和与伤害相关的消极情绪。这促使我们在未来的行动中避免用这类导致伤害的方式行事。如果我们认为某件事可能给未来造成损失或伤害，就会产生恐惧或焦虑情绪，而这些情绪是人们极力想要避免的。

我们内心不仅一直对我们很看重的事件有这种情绪反应模式，而且对我们费尽心力所追求的那些结果，即我们的目标，也会有这种情绪反应模式。在目标追求过程中遇到意想不到的困难，尤其是最终没能实现目标，会引起愤怒、失望、沮丧郁闷等不愉快的情绪。而且，人们对这些情绪反应的强度、忍耐度和控制方式各不相同。人们在目标、价值以及能够传达价值的情感上的差异，都是影响饮酒行为的性格成分。

接下来，我们将介绍这些个体差异如何影响人们的饮酒行为。

情绪与饮酒行为

酒精会以多种方式影响我们的情绪，比如生化反应，而这可能与作为价值指标的情绪进化无关。正如我们在第 3 章中介绍的，通常在饮酒的早期阶段，酒精就开始触发神经递质多巴胺的释放，从而让我们产生愉悦感、幸福感。随后，随着喝进肚子的酒不断增多，这些感觉消退了。但是，人们迷上了这种快活似神仙的感觉，于是就想天天过这种逍遥日子。特别是当人们处于情绪低谷的时候，可能尤其会这样。

也许，酒精还通过其他的方式，提升饮酒者的积极情绪。其中之一就是，饮酒后人们往往会用比清醒时更讨人喜欢的方式来描述自己。例如，饮酒后他们可能会认为自己比平时更外向。一般来说，外向跟寻求与他人进行愉快的社会互动有关。另外，其他人往往也觉得，这个人饮酒后比他清醒时更开朗外向了。这种外向开朗的表现，会吸引其他人来到饮酒者的身边，并产生社交结果，例如比平时更受欢迎，从而刺激饮酒者的积极情绪。在饮酒者的大脑里，这些积极的结果可能会与饮酒关联起来。

另外，当人们感到无聊、悲伤或沮丧的时候，就想缓解这些消极情绪，而这可能会引发他们对酒的渴望，比如找朋友一起喝酒，甚至不找朋友，自己独自借酒浇愁。如果这种情况经常发生，我们就可以认定这个人患酒精成瘾症了。

酒瘾：是终身疾病还是可戒除的？

这里说的成瘾，是指大量使用某种物质。个体在人生某一时期对成瘾物质的大量使用，预示着他可能在未来再次大量使用该物质。但是，这是可以逆转的，他也可能不会再次大量使用成瘾物质。任何成瘾行为都有特定的原因，这些原因通常是那些改变人们情绪状态的成瘾物质或体验。要想戒除成瘾行为，就必须了解为什么会出现这些不理想的情绪状态。同样，也必须了解是什么阻碍了成瘾者停止或减少使用这种物质。毫无疑问，想戒除酒精成瘾也是这样。

虽然很多过去的观点现在已经过时了，但有证据表明，酒精成瘾本身并不一定是身体疾病。从这个意义上来说，酒精成瘾并非不可改变的身体缺陷或功能障碍。对于酒精成瘾是否是一种疾病，主要在于怎么定义疾病。当然，我们已经知道，酒精成瘾涉及生理过程和行为过程。此外，个体对持续大量饮酒的敏感程度也各不相同。许多在人生某个阶段酗酒的人，最终学会了节制饮酒，甚至完全戒酒。人的有些性格会随着时间而改变，饮酒行为也会随之改变。饮酒行为的改变有两个方向，要么比以前喝得更多，要么根据所谓的成熟定律循序渐进，逐渐减少饮酒量或完全戒酒。研究发现，逐渐减少饮酒量这种改变的发生与饮酒者意识到过度饮酒会影响他实现其他重要目标（如美满婚姻、为人父母和事业发展）有关。这个研究发现支持了本书阐述的观点，即性格会影响人们对重要目标以及目标追求模式的设定，从而在一定程度上决定人们的饮酒习惯。关于治疗方法的详细讨论，见第 8 章。

正如本章以及第 8 章将要讨论的，对于酒精使用障碍的具体治疗方法的效果评估是非常复杂的。通常，患者在很长一段时间内接受了多种治疗。不过，我们可以有根据地得出下述结论：这些疾病导向的旨在让患者彻底戒酒的治疗项目，比如匿名戒酒者协会在帮助患者解决过度饮酒问题方面，并不比那些主要帮助人们调节饮酒模式的项目更好。正如斯坦顿·皮尔多年前发文指出的那样，匿名戒酒者协会声称的良好戒酒效果并没有达到严格的科学标准。

不可否认，很多人从匿名戒酒者协会提供的团体支持方法中获益。另外，匿名戒酒者协会倡导的完全戒酒这个目标，最近也得到了美国癌症协会的支持。但是，在匿名戒酒者协会进行戒酒治疗的人中，很大一部分中途退出了治疗，而那些留下来继续接受治疗的人中，也有很多人可能会在戒酒治疗期间又重新开始酗酒。其他戒酒项目也一样，中途退出和反复的情况时有发生。

性格差异与过量饮酒

人们为什么在明知酗酒对身体有害的情况下还要过量饮酒呢？一方面，人与人之间的个体差异巨大，这使有些人更容易过量饮酒。如第 4 章所述，有些个体差异与人们对酒精的生化反应有关。例如，根据差异化模型，高酗酒风险者在血液酒精浓度上升阶段对酒精的积极影响更为敏感，而在血液酒精浓度下降阶段对酒精的消极影响则不那么敏感。不同的个体也存在性格上的差异。例如，当目标未能实现时，有些人比其他人更容易深感失望，甚至感到沮丧抑郁，特别是在发展恋爱关系或获得职务晋升等重要目标方面。甚至在追求目标之前，他们也可能比别人更害怕失败。那些认为自己有这种倾向的人，以及在人格测试中"神经质"维度上的得分比其他人高的人，也可能会过量饮酒。用利特尔菲尔德（Littlefeld）和谢尔（Sher）的话说，"从广义上讲，高神经质、行为失控或冲动等人格特征，与多类物质使用障碍密切相关……主要包括过量饮酒"。

另一方面，人们的不同之处还在于，当面对那些对自己不利的事时，他们会在多大程度上责怪自己，而不是责怪其他人、环境或运气。越是经常将失败和不幸归咎于自己的人，越是经常觉得自己有错，越会体验更多沮丧抑郁，而且更有可能使用酒精或其他物质来应对他们不佳的感受。

消极情绪的主要形式是抑郁和焦虑。特别是抑郁，科学界有一个共识：抑郁得分高的人比其他人更有可能过量饮酒。这些人的抑郁状态频繁、强烈，而且长期存在，他们的情绪倾向可能被归类为精神紊乱。据推测，酒精可以缓解他们的这些不良感受。另外，这些人也更有可能对其他物质上瘾。然而，酗酒或其他物质滥用对人们生活造成的损害，也会增加这些消极情绪出现的可能。这样可能会形成一个双向的恶性循环。例如，从生物化学的角度来说，饮酒能暂时缓解抑郁，但长此以往，通过饮酒来应对抑郁会使抑郁变得更严重。

有人可能会问，为什么人们在追求目标失败后会变得抑郁，为什么抑郁会让人感到如此难受。毕竟，除了大脑会因为失败而产生痛苦情绪外，失败并不意味着什么。经历了失败的人，可能会接受这个事实，然后继续生活。对于那些不重要的小目标，人们可能拿得起放得下；但对于那些重要的目标，失败远不只是会让人感到失望而已，因此人们极力避免失败。失败会造成一种情感上的痛苦，原因可能是在人类进化过程中，失败会让家族成员感到失望或沮丧，为了免遭失败带来的痛苦他们会坚持追求目标，进而实现更多目标。这样就可以给家族成员更富足的生活，使他们在生存竞争中更容易生存下来。

抑郁症、思维反刍和酗酒

抑郁症除了让人感到很难受，还有一个重要的常见症状，即抑郁者酒后的思维反刍。思维反刍是指在一段时间内不由自主地反复思考某件事，而没有具体打算对此事有所行动。陷入思维反刍的人，其思维不断回到同一个主题上。这反过来又增加了抑郁的周期，因为他们萌生的想法主要是对当前境况的担忧，比如没有成功实现目标，这可能也是抑郁症的根源。

也就是说，这个人当前担忧的是目标不能实现。如果一个人感到沮丧郁闷，这强烈地表明他在追求某些目标时进展得不顺利。这样的思考方式会让人不断想到失败，无论这是潜在的失败，或是预期的失败，还是已经发生的失败。思维反刍还会增加一个人的压力水平，这不仅反映在不良的主观情绪中，还反映在身体的生理功能上，比如心率加快且持续较长时间，或肾上腺产生更多的应激激素皮质醇。

最近，赫根内斯（Heggeness）对美国退伍军人的研究进一步阐明了这点。这些退伍军人曾在美国退伍军人管理局医疗中心的心理健康诊所接受过治疗。正如预期的那样，他们的抑郁程度与饮酒量之间有密切关系。正如我们前面介绍的，抑郁的一个常见表现是思维反刍，即反复思考那些让自己感到沮丧郁闷的事，沉浸在那些和"我的错"相关的情绪中。赫根内斯等人在 2021 年进行的研究中发现，在患有抑郁症的退伍军人中，思维反刍越频繁，他们喝的酒也越多。换句话说，抑郁者的思维反刍程度对他们的饮酒量影响最大。

但是，继崔纳等人（Treynor et al.）2003 年的研究之后，赫根内斯等人在 2021 年对两种思维反刍进行了区分。一种思维反刍是不断回想与特定环境相关的画面和情绪，这也被称为强迫思考（brooding），思考主体甚至不停地自我怀疑。在另一种思维反刍中，抑郁个体同时也在思考抑郁症的可能原因和解决方案，即反省性深思（refective pondering）。如果反省性深思能带来对问题的启发，甚至是解决问题的方法，那么这种反刍思维当然对患者有帮助，而且能减少患者情绪上的痛苦。事实上，其他研究发现，第一周在临床抑郁症患者身上观察到的解决问题类思维反刍的频次，与患者在第五周时抑郁症状的减少有关。这项研究不包括近期除了处方药，还使用了其他物质的患者，因此不能反映反省性深思与酒精或其他物质使用的关系。但是，在赫根内斯等人用酒精使用障碍筛查量表（AUDIT）的自我报告分数评估抑郁症患者的酒精滥用情况时，发现反省性深思型患者的抑郁症状与酒精滥用呈正相关，而强迫思考型患者的抑郁症状与饮酒没有太大关系。

　　对于这些问题，研究人员有理由期待完全相反的结果。毕竟，强迫思考更接近悲伤，因此可能更容易导致人们通过饮酒来缓解痛苦情绪。不过，动机脱离理论则提出另一种解释。该理论认为，追求一个重要目标时有两种结果：要么达到目标，要么未能达到目标。达到目标的感觉通常很好。但是，一旦致力于追求这个重要目标，失败就不再是一件简单的事。它需要经历一系列的阶段性演变，例如首先加倍努力以成功实现目标，如果后来仍没能实现这个目标，就会感到恼怒或气愤。如果失败不可避免，就会意识到继续追求这个目标是毫无意义的。于是，悲伤和遗憾袭来。放弃对重要目标的追求，在情感上与之分离，会带来一种痛苦情绪，甚至可能导致抑郁。如果认为当前的失败预示着未来的失败，这是对个人生活前景的悲观预期，那么抑郁就更有可能发生。

　　现在回到这两种思维反刍，它们对饮酒有什么影响？一方面，在反省性深思中，这个人还没有完全放弃引起抑郁的那些损失或失败。这个人仍然想方设法地实现目标，但也必须处理努力了却还是没有成功导致的让人沮丧郁闷的挫败感。这个人还没有完全脱离对目标的追求。在这种情况下，人们需要的是支持性的积极情绪，甚至是酒精带来的乐观情绪。

另一方面，强迫思考可能与最终承认追求目标失败的悲伤有关，实际上这个人正在脱离目标。强迫思考的人是在处理伤害与痛苦，甚至还有一些因承认失败而产生的自责。在这种情况下，人们也许会放弃目标以减轻痛苦。如果是这样的话，那么赫根内斯团队在 2021 年的发现"对于两种思维反刍来说，反省性深思会导致酗酒，而强迫思考却不会"就讲得通。

与这个观点一致的其他研究表明，抑郁症患者的强迫思考与他们更容易脱离任务有关，特别是那些习惯将过错归咎于自己的人。由于尚不清楚的原因，对于这类患者，酒精可能无法满足他们缓解抑郁的需要。

应该注意的是，脱离目标追求只在某些情况下是可取的，而在其他情况下则可能是不可取的。如果追求的目标明显失败了，而且根本没有实现的希望，继续追求可能只是在浪费时间和精力，甚至可能会错失其他良机，那么这种脱离是可取的。另外，如果仍然可以以合理的成本克服困难，放弃的话会造成不必要的失败，并浪费已经花费在目标上的时间和精力，那么这时脱离目标追求是非常不可取的。

抑郁症、保护策略与饮酒行为

抑郁症的一个特征是对平时（患抑郁症之前）热衷的活动失去兴趣。此外，饮酒者防止过度饮酒的方法之一是使用"保护行为策略"，例如限制每天的饮酒量、不参与饮酒游戏、每天设定一段时间不饮酒。在瑞士进行的一项针对 19 ~ 20 岁年轻男性的研究发现，总体来说，使用这些行为策略后，饮酒者的饮酒量会减少并较少发生负面后果（如违法犯罪活动或临时起意的性侵犯），但那些患有抑郁症的人使用这种保护策略的意愿更低，使用这种策略后，他们每周的饮酒量也会略多一些。

个人情绪与饮酒行为

有研究表明，抑郁消沉的人比其他人更有可能喝酒，而且喝得更多。但这并不意味着人们的消极情绪必定会影响他们是否饮酒，或者影响他们的饮酒量。一项研究发现，消极情绪和饮酒行为之间没有必然的联系，但积极情绪与饮酒量之间存在关联。这些研究人员特别调查了被试的日常人际关

系，比如他们当天的情绪，以及他们那天喝了多少酒。研究
人员选了一个社区作为研究样本，他们特别排除了那些在校
大学生，并重点排除了那些在过去 3 个月内出现过情绪障碍
的人，因为抑郁症等疾病必然会导致非常消极的情绪。在研
究阶段，他们每天都会每隔 2 小时对参与者的情绪进行一次
评估，并在每天晚上询问参与者当天喝了多少酒。研究分析
发现，饮酒量与积极情绪（如兴奋、高兴或热情）之间存在
密切的关系。平均而言，那些报告情绪"比平时高涨"的人，
在当天大量饮酒的可能性大约是平时的两倍。即使是那些表
现出低水平积极情绪（如满足、放松、满意或平和）的人，
在当天大量饮酒的可能性也增加了 77%。目前，还不清楚这
二者之间的影响方向——是饮酒提升了参与者的情绪，还是
高涨的情绪（可能是与他人进行社交等活动的结果）导致了
饮酒量的增加。

琼斯等人（Jones et al.）的这项调查发现，消极情绪（如
情绪低落）与饮酒量之间没有显著的关联。这与其他人的研
究发现相反，但这种差异可能是因为琼斯等人的研究样本排
除了那些有情绪障碍史的人。这样，就将那些有严重消极情
绪的人排除在了研究之外。也就是说，他们通过这种方法对

样本进行了限制，因此在研究中就不太可能发现饮酒量与消极情绪之间的关系。鉴于这个原因，对于其他研究关于消极情绪（如抑郁）与饮酒量之间存在密切关系的结论，他们并没有表示严重怀疑。

汉密尔顿等人（Hamilton et al.）对大学生的研究还发现，那些情绪积极的人当天在社交场合（如聚会中）喝的酒更多。另外，对于在社交场合饮酒动机不强的学生来说，他们报告的积极情绪与他们当天独处时的饮酒量减少有关。根据学生通过饮酒来应对某些事情，比如那些会引发消极情绪的事情，可以推测他们在社交场合的饮酒量会较大。五年后，对同一组人的研究发现，应对动机与他们独处时饮酒更多有关。显然，饮酒模式不仅取决于个人的性格特征，还取决于这些特征如何与个人所处的环境相互作用。要了解更多关于不同饮酒动机对人们饮酒模式的影响，请参阅第 7 章。

另一项研究证实了其中一些结果，而且还有一些其他的有趣发现。这项研究选择了一个大型社区作为样本，其中大多数人不仅喝酒，而且还吸烟。该研究发现，相较于非饮酒日相同时段的积极情绪，被试在饮酒日饮酒前和饮酒后的积极情绪都更高涨，这与琼斯等人的研究结果一致。与琼斯等人不同的是，该研究样本没有排除那些有情绪障碍史的人。他们发现，在计划饮酒之前和实际饮酒之后，参与者的情绪（比如心情）都相对低落。与非饮酒日相比，饮酒日参与者的积极情绪在计划饮酒前 5 小时就开始显著上升。随后数小时内，他们的积极情绪仍然高涨。也许，参与者饮酒前后的情绪差异反映了他们对饮酒的预期——饮酒能够带来更多快乐，并减少消极情绪。与中度饮酒日相比，重度饮酒日的情绪差异更明显，而且饮酒者越接近开始饮酒的时间，情绪差异就越大。这些情绪变化会持续到参与者开始饮酒 2 小时后。平均而言，在开始饮酒后的 2 到 3 小时内，消极情绪一直在下降；在开始饮酒后的 5 到 7 小时中，消极情绪又开始上升。消极情绪上升的平均持续时间长短，反映了饮酒量的多少。

罗素（Russell）以及其他人的研究发现中有一点很重要，那就是饮酒者的情绪取决于他们何时饮酒以及喝了多少酒。很容易理解的是，当人们平淡的生活没有太多愉快的事情发生时，他们会借助酒精来提振精神。人们在始于 2020 年的新冠疫情期间的饮酒行为，就说明了这点。在封城期间，很多人对发生在自己身上的事情感到焦虑、抑郁、孤独和失控。一些人失去了工作，他们看不到未来的希望。他们中的许多

人借酒消愁（应对动机）。对其他人来说，新冠疫情意味着他
们失去了在日常生活中习惯享受的那些重要的积极激励，比
如人际关系、社交活动和健身习惯。他们中的许多人通过
饮酒来排解生活的无聊，从而让自己感觉好受一些（增强
动机）。

自控能力与酗酒行为

还有另一组个体差异与酗酒有关，这就是人们对自己的
问题行为的控制程度，即他们的抑制程度。这种差异可能分
几种类型，但目前通常笼统地把它们视为一种。人们认为，
自己的自控能力与他们对自己幸福感的评价有很大关系。这
可能是因为自控能力强的人会设定现实的、可行的、有价值
的目标，而且他们对所设定的目标锲而不舍。但是，贝特尔
森（Bertelsen）和奥泽（Ozer）的研究并没有评估这二者之间
的因果关系——是合理的目标设定以及对目标的锲而不舍带
来了高幸福感，还是高幸福感的人更擅长设定现实可行的目
标并更能对目标锲而不舍。

无论如何，饮酒行为、饮酒量和自控能力之间的关系，

也可能是双向的。一方面，醉酒会导致行为失控。这可能会带来各种各样的问题，比如疏远朋友和恋人，或者惹上麻烦。另一方面，也有证据表明，成年后的过度饮酒与在生命早期未饮酒时低下的自控能力有关。这毫不奇怪，这种低下的自控能力会表现在心理障碍中，比如早期的品行障碍和成年后的反社会人格障碍。这两种疾病都与青春期和成年期的饮酒行为有关。

自控能力低下通常是缺乏责任心的一种表现，也与除酒精之外的一系列精神活性物质的使用有关。有人针对在通常开始使用这些物质的年龄的年轻人开展了一些研究，利特尔菲尔德和谢尔对这些研究进行了总结，"研究者得出的结论是，低下的自控能力和极为消极的情绪，表明了他们在青春期晚期和成年早期这些发病高峰期出现物质障碍的大概风险"。

最近的研究证据表明，其中一些人格特征是在成年初期形成的，也就是从青春期到成年的过渡时期。研究人员将年轻被试分为三组，他们在这三个重要方面的表现有所不同：他们有多冲动，他们通常有多抑郁，他们喝了多少酒。高风险组的抑郁情绪持续最久，酗酒最为频繁。他们感到最绝望，这是抑郁症的一个重要表现。他们也最冲动，他们无法控制自己的行为。换句话说,这组被试身上有一系列可能导致酗酒的情况——对生活中的重要事情感到绝望,想要借酒消愁,而且不愿意控制自己潜在的危险行为。那些对酗酒青少年的类似研究也证实,被试的冲动性以及他们对酒精的强烈情绪反应,可以预测他们最终是否会在成年后减少饮酒量或者继续酗酒。

综上所述,性格差异的影响往往不如社交因素;除了神经质、责任心或自控能力等特质,人们的性格在其他方面也会有所不同。有其他人在场的情况下,有些人可能会放下手上正在做的事或想要做的事,而陪他们喝酒,这对于那些有强烈的融入社交圈子的动机的人来说尤其重要。(关于饮酒的社交动机的讨论,参见第 1 章;关于社会文化和环境对饮酒行为的影响的详细介绍,参见第 6 章。)性格也与人所处的环境有关,不同性格的人喜欢的环境不同,比如有的人喜欢热闹的环境,有的人喜欢安静的环境。性格对饮酒行为也有影响。例如,就像利特尔菲尔德和谢尔在 2016 年的研究中指出的,比起那些内向的大学生来说,外向的大学生更有可能加入联谊会,在那种环境中他们更有可能接触到酒精,因为饮酒是群体文化的一部分。

避免过量饮酒的方法

减少饮酒或停止饮酒是饮酒者经常追求的目标，特别是对于那些重度饮酒者，目前已经开发了多种治疗方法，第8章我们将对此进行深入的讨论。然而，重要的是要认识到，很多人在未经正式治疗的情况下减少饮酒或停止饮酒。事实上，有很多一直饮酒的人在没有专业帮助的情况下减少或停止饮酒，这通常被称为自然恢复。那么，一般来说，那些希望减少或停止饮酒的人该如何根据自己的性格来管理他们特定的情感需求呢？

根据个人饮酒史的区别，减少饮酒量的效果也不同。对于偶尔少量饮酒的人来说，这可能非常简单，只要改喝不含酒精的饮料就解决了。如果很喜欢啤酒或葡萄酒的口感，那可以改喝市场上那些不含酒精的啤酒和葡萄酒，它们的口感也很好。其中很多品牌是在世界上那些以长期出产高质量酒精饮料著称的地区生产的。当同伴们在喝酒精饮料的时候，你喝这种不含酒精的饮料也不会显得格格不入。

很多人喝酒是因为酒精可以带来神经化学的好处。他们长期酗酒，以至于他们的身体对酒精产生了依赖。在这种情况下，他们的身体会对酒精造成的损害做出反应，如第 3 章所述。对酒精产生依赖（成瘾）后，戒酒可能让成瘾者面临更复杂的问题。因此我们强烈建议在戒酒之前先联系医生，讨论在医生的指导下进行医学戒除的可能性。因为突然停止大量饮酒，会对一个人的身体产生严重的影响，甚至可能会致命。在戒酒结束后的一段时间内，向受过培训的健康护理专业人员寻求心理支持，也可能会有所帮助。

但是，戒酒者除了要克服停止饮酒或大幅减少饮酒量对身体的影响，还要努力克服因戒酒而损失的愉悦感——在之前，这些愉悦感通过饮酒就能获得。非常重要的是，要评估酒精到底对饮酒者产生了什么影响，以及有什么替代办法。

例如，如果饮酒是融入重要社会群体的入场券，那么戒酒就会付出一定的社会代价，对于那些外向的人或依赖这些群体来满足重要情感需求的人来说，这将会非常痛苦。对于这种情况，可以改喝非酒精饮料，比如不含酒精的啤酒或葡萄酒，它们的口感和外观与酒精饮料差不多，而且有类似的社交功能。

如果把饮酒当作劳累了一天之后的主要放松方式，那么，可以用渐进式肌肉放松和正念等方法，来诱导身体或精神放松。各种冥想也都有类似的放松效果。

更深层次的问题可能是对生活的厌倦，或者觉得自己的生活毫无意义和空虚。找合适的、有资质的治疗师做心理咨询，可能有助于找到这个问题的根源。我们对此的理解是，这是因为当前做的不是自己认为有意义的事。因此，可以通过确定一个有意义的目标，并努力去实现这个目标，从而改变当前的这种境况。这样的目标有很多，包括与特定他人（家庭成员、亲密朋友、伴侣、孩子）保持和谐的关系，做自己喜欢的工作，履行承诺，发挥建设性作用，为自己的事业、邻居或社会做出创造性的贡献等。拥有一些这样的目标与感到生活有意义密切相关，而感到生活有意义又与整体的幸福感相关。事实上，拥有一些这样的目标是生活有意义的基础。如果一个人的生活缺少有意义的目标，那么找到适合自己性格的有可能实现的目标，然后努力去实现这些目标，也是一个有效的解决方案。

找到这样的目标是一项艰巨的任务。人们对自己有能力坚持这种探索的信任程度各不相同。没有对自己能力的坚定信念，人们就很容易放弃自己的追求，这削弱了他们的自控能力，让他们过早地脱离了重要的目标。这是有压力的，也可能会导致抑郁，而且这种脱离可能是不必要的。对丹麦高中生进行的研究发现，学生对自己有能力坚持追求目标并成功实现目标的信念，与他们的幸福感之间存在显著关联。为了增强自信，向具备适当资质的治疗师寻求心理咨询可能会有所帮助。

本章介绍了人们的性格特征对其饮酒行为的各种影响。不同性格与饮酒行为之间的关联程度因人而异，而且差异是如此之多，因此不存在单一的成瘾性格。事实上，"人们酗酒是因为他有一个酗酒性格"这个观点早就被否定了。但是，如前所述，具有某些性格特征的人更可能大量饮酒和大量使用其他成瘾物质。这样的性格特征有很多种，比如神经质（一种抑郁倾向）、某些类型的外向、低自制力等。不过，这些性格特征也可能会随着年龄的增长而发生变化，而且它们有多种变化方式，与其他性格特征的组合方式也很多，还会与社会环境和文化发生交互作用。因此，很难确定哪种性格类型注定会导致酗酒或其他物质滥用。

第 6 章
社会文化环境对饮酒行为的影响

人们早就认识到，人是社会性的动物。实际上早在公元前350年，亚里士多德就在他的《政治学》中写道"人天生就是一种社会动物"。也就是说，人生来就想以群体形式与可以相互交流的其他人生活在一起。通过人与人之间的互动，人们对彼此会产生巨大的影响。

人与人之间的这种相互作用，会对人们的饮酒行为产生什么影响？其他人对饮酒行为的看法，以及他们对饮酒后效果的期望，会强烈影响一个人自己对饮酒行为的看法和态度。社会因素，即他人的行为以及他们对别人的期望，通常也会影响一个人的饮酒行为。这里说的其他人，可能包括这个人的家人和朋友、他所在的群体以及他所处的更宽泛的社会文化。在本章中，我们将讨论这些社会文化和环境对一个人饮酒行为的影响。

全球的饮酒情况

世界卫生组织在2018年发布了一份关于全球饮酒情况的

综合报告。该报告指出，在世界各地，人们的饮酒量和饮酒方式存在很大差异。这些差异反映了不同的社会环境、文化和宗教对人们饮酒行为的影响。该报告的要点如下：

● 全球 15 岁及以上人口中，超过一半的人（57%，31 亿人）在过去 12 个月内曾经戒酒。其余的人（43%，23 亿人）目前仍在饮酒。在世界范围内，目前饮酒的女性比男性少，而且女性饮酒者饮酒量也比男性少。

● 全球大部分的酒都被美洲、欧洲和西太平洋地区的人消耗了，而这三个地区约占世界人口的一半以上。其中，欧洲人的人均饮酒量最高。

● 在全球 15～19 岁的年轻人中，有超过四分之一的人（26.5%）目前饮酒，该年龄组饮酒率排在前三名的地区分别是欧洲（43.8%）、美洲（38.2%）和西太平洋地区（37.9%）。

● 在全球范围内，繁荣的经济与较高饮酒率和较低戒酒率相关。

社会文化差异

世界卫生组织的报告指出，世界各地饮酒量的差异是由各种社会文化和环境因素造成的。这些因素包括社会或文化中的社会规范、酒的销售和推广方式，以及对饮酒的法律规定。下面我们将详细讨论这些社会因素。

宗教对饮酒的限制

有些宗教禁止饮酒。比如，信奉伊斯兰教的穆斯林不允许饮酒，这是我们大家都知道的。大多数穆斯林滴酒不沾，这是因为他们的《古兰经》禁止饮酒。

如果我们看一下世界酒类消费地图，就会清楚地发现宗教对人们的饮酒习惯有很大影响。在这张地图上，我们可以看到，在北非和东地中海地区穆斯林占多数的国家，与世界其他地区有着明显的差异。地图显示，这些国家的年人均饮酒量非常低，而终身戒酒率非常高。

以伊朗、利比亚、沙特阿拉伯和也门这四个穆斯林占多数的国家为例，WHO 的全球饮酒情况报告显示，这四个国家的年人均饮酒量均为零或接近零，而终身戒酒率几乎都接近 100%。

除伊斯兰教以外的其他一些宗教，也禁止饮酒或强烈反对饮酒。其中包括某些东方宗教、某些基督新教教派和某些非基督新教团体。犹太教也有关于饮酒的规定，但饮酒是犹太教仪式的一个组成部分，适度饮酒的态度也延续到了犹太教徒的日常生活中。因此，犹太教允许教徒在日常生活中饮酒，但认为过度饮酒和醉酒是伤风败俗的行为。除了对饮酒态度的文化传承，有证据表明，某些分支的犹太人就像东亚人那样，携带防止过度饮酒的基因。

地中海饮酒模式

几十年来，地中海地区的南欧国家（如法国、希腊、意大利、葡萄牙和西班牙）有着独特的饮酒模式。这些国家是主要的葡萄酒产区，以出产优质葡萄酒而闻名。因此，葡萄酒是这些地区的人饮用的主要酒精饮料。

但是，地中海地区的葡萄酒消费与特定的饮酒方式有关。传统上，人们每天都喝葡萄酒，因此，地中海地区的饮酒模式被称为嗜饮模式。葡萄酒主要是在吃饭的时候与家人和朋友一起喝，因为它能提升食物口感，促进宴饮交际。背离这种模式的饮酒行为，特别是酗酒和没有社交属性的饮酒，都不被人们接受。

意大利是地中海饮酒模式的典型代表。葡萄酒是意大利餐的一部分，所有家庭成员都可以享用，甚至也允许儿童在用餐时喝点葡萄酒。他们受到的教育是，酒必须适量饮用，而且只能用于加强社交互动和增加食物的风味口感。在意大利，除了葡萄酒，人们也经常饮用其他酒精饮料，包括餐前的开胃酒以及帮助消化的餐后酒。由于传统上大多数人每天都会喝很多酒，因此意大利的人均饮酒量多年来一直很高。

然而，在过去50年里，意大利的酒精消费量却在稳步下降，这主要是由于葡萄酒消费量的下降。尽管法国和西班牙等其他南欧国家的酒精消费量也出现了类似的下降，但下降幅度没有意大利那么明显。意大利的饮酒模式也在发生变化。例如，在意大利青少年中，通过酗酒增强积极情绪的现象有所增加。但是，买醉并不是意大利年轻人喝酒的主要动机。意大利仍然是一个爱喝葡萄酒的国家，一直保持着传统的饮酒模式。

北欧饮酒模式

北欧饮酒模式与地中海饮酒模式有着很大的差别。北欧传统的饮酒模式既不是在用餐时饮酒，也不是在日常生活中饮酒。而且，饮酒既不是为了增进家人朋友之间的情谊，也不是为了提升食物的风味口感。实际上，很多时候北欧人都不喝酒。但是，北欧人并非滴酒不沾，而且在喝酒的时候，比如周末或节假日期间，他们可能会开怀畅饮。人们认为，这种偶发性狂饮可以让人从日常生活中解脱出来，享受一段无忧无虑的快乐时光。在这种场合，醉酒被社会所接受，甚至可能被鼓励。这种饮酒模式是北欧国家（丹麦、芬兰、挪威、瑞典和冰岛）的一大特点，这些国家的人喜欢喝烈酒。

偶发性狂饮

对于偶发性狂饮，还没有一个普遍认可的定义。但是，在需要使用定义来判断一个人是否达到偶发性狂饮的标准时，可以参考这几个定义：第一个，美国国家酒精滥用与酒精中毒研究所将偶发性狂饮定义为男性在 2 小时内喝下 5 标准杯或以上酒精饮料，或者女性在 2 小时内喝下 4 标准杯或以上酒精饮料；第二个，英国国家卫生服务局将偶发性狂饮定义为男性一次性饮酒超过 8 个酒精单位，女性一次性饮酒超过 6 个酒精单位[①]；第三个，世界卫生组织将偶发性狂饮定义为每

---

① 在英国，1 个酒精单位是指 10 毫升或 8 克纯酒精。例如，1 品脱（约为 568.26 毫升）中等烈度的拉格／啤酒／苹果酒（568 毫升，ABV = 4%）含有 2.3 个酒精单位，而 1 标准杯葡萄酒（175 毫升，ABV = 13%）也含有 2.3 个酒精单位。

月至少一次或多次饮用相当于 60 克以上的纯酒精。

根据第三个定义，世界卫生组织在《2018 年全球饮酒与健康报告》中说，纵观世界各国，在俄罗斯联邦各成员国和保加利亚、波兰和罗马尼亚等东欧国家以及安哥拉和刚果（金）等一些撒哈拉沙漠以南的非洲国家，偶发性狂饮者的占比非常高，占当前饮酒者的 60% 或以上。在澳大利亚和玻利维亚、巴西、巴拉圭和秘鲁等南美洲国家以及其他撒哈拉沙漠以南的非洲国家，偶发性狂饮者的比例也很高，占当前饮酒者的 45% ~ 60%。

在澳大利亚、加拿大、英国和美国等高收入西方国家，偶发性狂饮现象在年轻人中很常见，而且在大学生中尤为普遍。大学生酗酒现象与学业问题、生理问题、心理问题和社交困难有关，这些学生有患酒精使用障碍的风险。在西方国家的原住民和其他少数民族中，偶发性狂饮率也很高，相应的酒精使用障碍和其他与酒精相关的负面后果的发生率也很高。例如，在对美国各民族文化群体进行研究时发现，在过去一个月偶发性狂饮率最高的是美洲原住民和阿拉斯加原住民。

环境对饮酒行为的影响

上一节介绍了人们所生活的社会和文化如何强力影响其饮酒决定——是否决定饮酒，如果决定饮酒的话每次喝多少，以及多久喝一次。这些和饮酒相关的影响，在每个社会和文化中自然地传播。另外，每个社会和文化都会有意改变饮酒率，要么提高饮酒率以增加销量，要么降低饮酒率以避免过度饮酒的负面后果。这些操纵手段主要有酒类广告以及其他市场营销策略、定价和征税、加强或放宽对酒的管制，以及现饮现卖时是否遵守酒水饮料销售责任制。这项法律要求商家不为酗酒者或已经醉酒的人提供酒水，也不向未成年人出售酒精饮料。

无论是直接的酒类广告，还是其他更隐蔽的酒类营销手段，这些最明显的例子，都是为了增加饮酒的感知价值。广告旨在将饮酒与美好快乐的生活联系起来，使人们很想饮酒，尤其想饮用某一特定品牌的酒。这促使人们想要掏钱买酒畅饮一番。酒类广告已经遍布电视、报纸、杂志和社交网站等各种媒体，尤其是在体育赛事中，通过广告牌、标语牌和其他显示屏进行展示，也会通过销售点进行广告宣传。

有些纵向研究在多个时间点对青少年被试进行了跟踪，研究结果表明这些青少年的饮酒行为与接触酒类广告有关，而且酒类广告还会导致那些已染酒瘾的青少年的饮酒量增加。对成年人的研究结果与青少年相似，研究表明成年人最近饮酒量的增加与其在电视上接触酒类广告的多少有关。虽然这种相关性较小，但对于所有三种酒精饮料（啤酒、葡萄酒和烈酒）都是一致的，而且在受访者的性别、种族、民族或年龄方面没有差异。

定价是操纵饮酒感知价值的另一种方式。定价利用了经济学中的一个基本原理，即需求定律：当一种产品的价格上升时，对它的需求就会下降；价格下降，需求增加。大量研究文献清楚地表明，当酒价上涨时，饮酒量就会下降，而当酒价下降时，饮酒量就会上升。不论是什么类型的酒精饮料，都遵循这个规律，而且对于轻度和重度饮酒者来说都是如此。这个定律的影响非常大，因此提高酒价是减少过量饮酒及其相关负面后果的有效策略。另外，酒商可以通过各种促销和折扣来增加销量。最常见的例子就是酒吧里每天的"欢乐时光"，各种饮料在这个时间段降价出售。

对酒征税是为了提高酒价，让人们少饮酒，从而避免过度饮酒对个人和整个社会造成不良后果。无论是通过征税还是其他方式，对酒的消费量的减少都与酒价的上涨有关，特别值得一提的是它能减少过量饮酒及其造成的危害。不论是在哪个国家，也不论在哪个时期，酒价对其消费量的影响都非常大。

售酒点的密度，也会影响人们的买酒量和饮酒量。这是指可以买到酒精饮料的地点的数量，比如可以现买现饮的酒吧、酒馆或餐馆等，或者可以买到酒再拿去别的地方饮用的超市或酒铺。研究表明，售酒点的密度越大，人们的饮酒量越多，过量饮酒的后果也越严重。

同样，售酒点每天的营业时长和每周的营业天数，对酒精类商品的销量有直接影响。研究发现，营业时间与酒精类商品的销量以及过量饮酒带来的有害影响呈正相关关系。同样，有大量证据表明，提高青少年可以合法购买酒精饮料的年龄，以及更严格地执行现行最低饮酒年龄的法律规定，是减少年轻人饮酒造成的有害后果的有效策略，特别能有效减少未成年人因酒后驾车而引发的致命事故。

与饮酒行为相关的问题还有《酒类供应商责任法》，以及酒水饮料销售责任制方面的法律培训。美国大多数州（近

90%）都制定了《酒类供应商责任法》。该法律规定，如果商家向未成年人或明显醉酒的人提供或出售酒类，随后造成其死亡、伤害或财产损失，应当承担法律责任。酒水饮料销售责任制是指通过制定政策和规定，以禁止向未成年饮酒者或酗酒者提供或出售酒类。在美国，约有四分之三的州向酒水饮料销售商提供自愿或强制接受的责任制培训。研究表明，人均啤酒消费量和死亡事故率（致命事故占所有伤害事故的百分比）的显著降低都与《酒类供应商责任法》及酒水饮料销售责任制有关。因此，证据表明，这两项法律都在挽救人们的生命。

饮酒习惯的延续

前面几节我们讨论过的那些饮酒习惯（地中海饮酒模式和偶发性狂饮），通过特定人群的社会文化过程而得以延续。关于社会文化因素对人们饮酒行为的影响，研究人员提出了多种解释。下面，我们讨论其中的一些观点。

社会学习理论

社会学习理论是关于人类行为的一般理论，但其中一部分也可以用来解释人们的饮酒行为。阿尔伯特·班杜拉（Albert Bandura）是斯坦福大学杰出的社会科学教授，他在推广社会学习理论方面所做的工作可能比其他任何人都多。班杜拉强调，正如传统学习理论所认为的那样，人们的行为并不只是简单地取决于对已有反应的强化或惩罚。相反，班杜拉认为，人们通过观察他人的行为，然后对这些行为进行模仿，来获得新的行为。人们会选择模仿某些人的行为，特别是那些性格招人喜欢的、受人欢迎的，以及行为受到他人好评的人。

每个人都通过观察他人的行为，来塑造自己的行为。在人们的饮食偏好、衣着打扮以及他们喜欢的娱乐活动中，我们都可以看到这样的例子。比如英国人吃炸鱼薯条、美国人吃汉堡和薯条、法国人吃蜗牛，我们因此知道人们在饮食上存在不同偏好。在衣着打扮方面，曾经有段时间，年轻人喜欢穿破洞牛仔裤和有磨损痕迹的衣服，浑身刺着大片文身，甚至还有很多人在身体上穿孔，并在上面挂各种饰品，因为人们会模仿自己所在社会群体中其他人的行为。饮酒是社会群体中有些人选择模仿的另一种行为。例如，一个人可以选择与其模仿对象喝同一种酒精饮料，或与其模仿对象保持相同的饮酒量和饮酒频次。

事实上，有相当多的实验证据支持这一观点，即人们通过模仿他人的饮酒行为，养成自己的饮酒习惯。这些实验大部分都以大学生为研究对象。在典型实验中，每个参与者都要参加品酒环节。实验人员首先给参与者提供了一系列不同的形容词（甜的、干的、有泡泡的等），用来评价酒精饮料。然后，实验人员要求参与者仔细品评几种酒精饮料的口感特色，并鼓励参与者根据需要尽可能多地品尝每种酒精饮料，以便对其特性做出准确的判断。

但是，实验中有两个方面是参与者不知道的。一方面，研究人员把在场的一名"学生"（在有些实验中，不止一名学生）当作被试参与者介绍给大家，但事实上，这名"学生"是实验人员的同谋，他只是扮演参与者的角色。在实验之前，实验人员已经对这名"学生"的饮酒速度进行了训练，并让他（她）在实验中通过小口地慢慢啜饮，或大口地快速畅饮，将自己表现得像是轻度饮酒者或重度饮酒者。另一方面，实验的真实目的并不是让参与者品评这些酒精饮料，而是测量他们实际喝了多少酒。这样做是为了观察参与者是否会模仿他人（即实验者同谋）的饮酒速度。这些实验的结果表明，参与者确实模仿了实验者同谋的饮酒行为。当实验者同谋慢慢地啜饮而并不喝太多时，参与者也会慢慢啜饮，不喝太多；如果实验者同谋快速地畅饮并喝很多，参与者也会快速畅饮，并喝很多。但是，相较于那些被认为不擅于交际的实验者同谋，受人喜爱且被认为善于交际的实验者同谋会引起更强的模仿效应。研究还发现，相较于那些没有酗酒家族史的参与者，有酗酒家族史的参与者具有更强的模仿效应。

群体饮酒文化

挪威社会学家奥勒·约根·斯科格（Ole-Jørgen Skog）是挪威酒精和药物研究所所长，也是奥斯陆大学社会学教授，他提出了饮酒行为的一种社会理论，并称之为群体饮酒文化。该理论的基本原则如下：

● 多个不同的生理、心理和环境因素决定了一个人的饮酒水平。但是，人与人之间的社交互动是最重要的因素。

● 如果一个人有多个不同的易感因素，这些因素就会以连乘的方式增加酗酒风险。这意味着一个社会群体中饮酒者呈这样的分布，即轻度饮酒者和中度饮酒者较多，而重度饮酒者较少。

● 斯科格认为，社会是一个巨大社交网络。每个人都直接地受到其中心社交网络中相对较少的那几个人的影响，但实际上也间接地受到所处文化中其他所有成员的影响。每个饮酒者都会根据整个文化的平均饮酒水平，调整自己的饮酒量。

● 由于每个人的饮酒行为都有很强的集体成分，所以饮酒方面的任何改变通常都是一种群体现象。因此，当人均饮酒量增加时，各类（轻度、中度、重度）饮酒者的饮酒量也会增加。当人均饮酒量下降时，各类饮酒者的饮酒量也会下降。

其他研究者在北欧四国（丹麦、芬兰、挪威和瑞典），德国，美国和英国，对斯科格的理论预测进行了验证性研究，这为群体饮酒文化提供了有力的支持。这些研究已经表明，当一个社会的人均饮酒量增加或减少时，包括轻度和重度饮酒者等所有饮酒者的饮酒量都会同时上升或下降。即便如此，这种普遍现象也有一些例外。例如，在有些研究中，某一特定年龄组或某一代饮酒者的饮酒趋势并没有反映整个人群的变化。但是，斯科格本人也承认，当特定亚群体存在阻止他们与更广泛人群之间进行社会交流的障碍时，例如年龄或社会经济地位方面的障碍，就可能出现这种差异。

斯科格关于群体饮酒文化的理论，对初级预防政策产生了很大影响，特别是在北欧和加拿大。这些政策，例如酒精限购，旨在减少过度饮酒造成的危害。他们之所以能够做到这点，是因为政府对某些或所有酒精饮料的销售进行了专卖监管。酒水专卖限制了可以买酒的日期和时间，并通过提高酒价来减少人们的买酒量。这些做法成功地降低了人均饮酒量和饮酒的负面后果，包括与酒精有关的死亡率和发病率。

酒后的行为举止

心理学家克雷格·麦克安德鲁（Craig MacAndrew）和人类学家罗伯特·埃杰顿（Robert Edgerton）发表了一篇论文，通过酒后的行为举止来解释人们的饮酒行为。他们的中心论点是，人们在酒后的行为举止是由文化决定的。

他们开篇就介绍了关于酒精对人类行为影响的传统观点。有人凭借直觉认为，酒精的药理作用使人们在饮酒时失去控制。人们在清醒的时候不会那样做，但后来他们发现很容易为这种行为开脱——把自己的所作所为合理化地解释为是酒精导致的。

麦克安德鲁和埃杰顿完全同意酒精会损害人们的执行能力，会影响人们的肌肉协调能力、视觉灵敏度和反应时间。因此，在酒后从事某些活动是不可取的，例如驾驶机动车。不过，他们对"体内的酒精通过消除人们习得的抑制来释放人们的自然冲动"这个观点提出了异议。他们的研究表明，在西方社会，人们饮酒后经常表现出的吵闹、咄咄逼人、自我揭短或性暗示，这些行为根本不是不可避免的。人们饮酒后的行为方式，不是因为酒精的化学作用。相反地，这至少在一定程度上是因为社会文化教会了他们——在醉酒情况下，什么行为是可接受的，什么行为是不可接受的。

麦克安德鲁和埃杰顿用人类学的例子来说明他们的观点。首先，他们介绍了五个不同的社会，在这些社会中醉酒根本不会导致抑制解除。其中一个是生活在南美洲热带森林的尤鲁纳部落，这些人会喝很多用木薯根酿的酒。但是，喝酒不会引起他们的抑制解除。相反，酒后他们会完全沉浸在自己的世界里，表现得就像没有其他人存在一样。

第二个例子是在某些社会中，醉酒后的行为随着时间的推移发生了根本性变化。其中一个群体就是塔希提岛的居民，塔希提岛是位于太平洋中部的社会群岛中最大的岛屿。塔希提人对酒的态度，经历了三个阶段。在第一阶段，塔希提人完全拒绝喝酒。他们要么根本不喝，要么喝过一次之后就再也不喝了。在第二阶段，他们嗜酒成性，而且酒后会变得很有暴力倾向。在第三阶段，也就是现在，塔希提人仍然会喝酒，而且他们可能会喝很多酒，但他们醉酒之后总是处于平静温和的状态。

第三个例子是在某些社会中，人们在某些情况下的酒后行为举止与在其他情况下完全不同。位于日本冲绳海岸的平良村就是一个典型的例子，这里有两种饮酒形式。一种是在全是男性的聚会上喝清酒。聚会当天晚上继续喝酒，男人之间平常轻松自在的兄弟情谊可能会演变成争吵，甚至打架。另一种是男人和女人一起喝清酒，但是这种情况不会发生酒后攻击行为。另一个例子是在美国旧金山特科斯帕的墨西哥村，那里的居民在群体仪式中喝一种叫作普奎（pulque）的酒。虽然他们可能会喝很多这种酒，但群体始终保持着满足与和谐的气氛。但是，如果他们饮酒时有外人在场，就经常会发生冲突。

简而言之，麦克安德鲁和埃杰顿提出了令人信服的证据，来支持他们的论点，即人们的醉酒行为是由社会文化决定的。

结语

在本章中，我们介绍了社会文化和环境因素如何对人们的饮酒行为产生广泛而深刻的影响。例如，这些因素可以导致一个社会的人完全不喝酒，但会导致另一个社会的人陷入偶发性狂饮。除了鼓励饮酒或禁止饮酒的社会文化和环境因素，我们还讨论了影响人们饮酒行为的各种其他因素，包括对个人所在整个社会造成影响的各种力量。在下一章，我们将介绍这些不同因素引发的主要动机，它们一起决定了人们是饮酒还是戒酒。

第 7 章

动机与期望对饮酒行为的影响

人们对将要做的事的期望，决定着他们的做事动机。人们对饮酒能取得的好处的期待，一定程度上受到酒精化学作用的影响，但也受到很多其他因素的影响，这包括人们通过观察他人、与他人交流互动得到的信息（如第 6 章所述），这最初可能主要是对父母的观察，与父母的互动。例如，青少年会根据父亲的饮酒方式，开始期望通过饮酒得到某些好处。期待饮酒带来好结果，比如更好地融入社会群体，这种预期会增加人们饮酒的可能性和饮酒量。另外，人们的饮酒体验本身也会增强他的这些期望。人们的饮酒期望、饮酒体验与饮酒记忆之间的相互影响，已经在一项关于青少年长期饮酒模式的研究中得到了确凿的证实。

青少年的饮酒期望中包含这样一种信念，即饮酒不仅能改善他们的情绪和社交功能，而且还可以反直觉地改善他们的运动能力（如肌肉控制）和认知表现（如心理技能）。这些期望可能在青春期或青春期之前就开始形成，但往往会持续多年。这些期望包含人们高度重视的预期结果，因此成了他们强烈想要实现的目标。我们有理由认为，那些在成年后保持这些期望的人特别容易出现酗酒行为。也就是说，他们在生理和心理上都依赖酒精，可能会把饮酒作为一个重要的长期目标。

目标与动机的作用

正如我们在前几章介绍的，人类的大脑进化出了追求目标的功能。也就是说，大脑这个器官使人能够识别、获取和使用生存需要的事物。在特定的时间里，每个人都有很多这样的事物；甚至在一生中，这样的事物还有很多。我们把这些事物称为目标，把为达成目标而付出的努力称为目标追求。那些人们认为可以成为目标的事物或事件，构成了我们所说的激励。大脑优先考虑目标和激励，即重点关注人们将要做、想要做和尽力做的事情中与目标相关的事情。这种机制也可以解释当酒精成为一个人的激励或目标时的行为。

我们也知道，人们对目标和激励有特定的情绪反应。所有的目标、状态、激励和情绪，都可能是积极的，也可能是消极的。积极的表现是喜欢、享受和渴望；消极的表现是不喜欢甚至厌恶，想要回避、消除或逃离。这些情绪及其意识感受（情绪反应），是大脑根据如何看待某事以及如何做出反应的编码进行的表现。对于某些体验，大脑已经有了原始的内在反应，比如接受、观望、逃跑或哭泣。随后的体验，迅速扩大了能够引起人们的情感反应的事物范围，并扩大了能让人产生自动反应的指令表存量。如果人们将饮酒视为实现重要目标的辅助手段，那他们就可能会饮酒。

饮酒的四种动机

人们可能出于很多原因，而一杯接一杯地饮酒。在前面的章节，我们介绍过一个关于饮酒动机的模型。这一模型揭示了目标追求的本质，将围绕这些目标追求而产生的情绪称为动机结构，并认为动机结构是理解个体饮酒决定的关键。根据这一模型的要点，我们还制定了一些评估饮酒者的动机结构和帮助他们控制饮酒的方法——以对饮酒者的生活破坏最小，而又最有效的方式。

正如第 1 章提到的，饮酒动机模型反过来又促使林恩·库珀及其同事进一步研究如何准确地评估人们的饮酒动机。1992 年，他们经初步研究发现，大多数人的饮酒动机主要可分为三类：①社交动机，为了融入社交环境，如参加朋友聚会；②增强动机，为了提振精神，如在活动中体验到更多欢乐；③应对动机，为了应对特定问题及其引发的消极情绪，比如伴随未解决的问题而来的困扰、焦虑、悲伤和郁闷。除此之外，库珀很快在原始模型中增加了第四类动机：顺从动机，为了顺应社会期望。顺从可能表现为与他人一起饮酒，这可能是出于某种原因，也许是为了避免被群体排斥或拒绝。库珀和其他人收集的数据，证实了在模型中增加顺从动机的重要性，因为顺从动机与饮酒之间的关系，与其他三类动机与饮酒之间的关系大不相同。这个饮酒模型包含四类动机，其中两类是积极动机，即社交动机和增强动机；另外两类是消极动机，即应对动机和顺从动机。现在，大家一致认为这个模型是分析饮酒模式的标准范式。

林恩·库珀及其同事针对青少年和成年人进行了一系列大样本研究。他们在 1994 年的研究报告中，分析了纽约州布法罗市两千多名青少年的饮酒情况，得出的研究报告具有里程碑的意义。这个研究证实了四种不同类型饮酒动机的重要特征：首先，这四种动机确实与饮酒有关；其次，这四种动机之间有明显的区别，也就是说，出于其中一个原因饮酒，那就不太可能再出于其他别的原因。虽然人们每次饮酒的原因可能不止一个，但这四个动机并不会被单纯看作是想饮酒的四个原因。

研究结果还表明，不同的动机与人们的饮酒量以及陷入酗酒问题的风险程度有关。饮酒频率和饮酒量与前三种动机的强度是一致的，尤其是增强动机。饮酒的应对动机与增强动机一样，能准确预测人们的饮酒量和饮酒频率；而顺从动机却不具有这样的预测力；社交动机的预测力介于两者之间，它与饮酒量相关，但相关性没有其他动机那么强。正如大家预料的那样，只是为了顺应现场氛围而饮酒的人，在独处时很少饮酒，而且总体上他们的饮酒量较小。

许多研究调查使用库珀等人开发的工具，对那些从社区招募来的被试的饮酒动机进行了评估，证实了饮酒动机与实际饮酒行为之间的关系。一项针对人们饮酒模式的大规模研究，记录了每个被试在 21 天内的饮酒情况。对整个样本来说，独自饮酒的场合数以千计。这些被试的饮酒模式，与他们报告的增强动机和应对动机密切相关。他们在增强动机方面的得分，预测了他们从饮酒中获得的快乐的程度，以及他们在特定饮酒场合的饮酒量，而且也可以预测他们在饮酒期间的血液酒精浓度峰值。他们在应对动机上的得分，则预测了饮酒对他们情绪状态的两种影响：一种是缓解不愉快情绪，另一种是带来轻微的不愉快情绪——饮酒后感觉更糟，如感到沮丧、悲伤、迟钝或胡言乱语。据推测，虽然有可能带来轻微的不愉快情绪，但总体上增强动机型饮酒可以带来欢乐，应对动机型饮酒可以缓解不愉快情绪，这就解释了为什么饮酒对人们有这么大的吸引力。

饮酒的四种动机，都是基于人们对饮酒可能带来什么影响的预期，这些动机最早可能是在青春期形成的，而且可能会持续很多年。关于人们如何养成饮酒习惯的研究发现，人们刚开始饮酒时主要是因为社交动机和增强动机。也就是说，青少年最初饮酒是为了和同伴们玩得开心，为了体验酒精对情绪的提振作用，比如变得兴奋。很快，增强动机就与狂饮（一次喝很多酒）联系起来。对此，父母的影响很重要。与父母不酗酒的孩子相比，父母酗酒的孩子在青少年早期对饮酒产生了更强的社交或放松预期，并且这些预期在 15 ~ 17 岁时尤为强烈。

喝热身酒

喝热身酒是一种特别能反映积极动机的饮酒模式，这是指先喝点酒再去赴饮酒之约，例如在家里喝酒之后再去参加聚会。据估计，大约 2/3 的大学生会喝热身酒。动机研究表明，喝热身酒至少有 3 种目的：增加饮酒乐趣和醉酒感、增进与他人的宴饮交际、促进与他人交往的有效性。

斯米特等人针对瑞士年轻人进行了一项研究调查，结果发现喝热身酒的动机主要是增加饮酒乐趣和醉酒感。无论是单次饮酒还是长期饮酒，这个动机都最可能导致过量饮酒。增加饮酒乐趣和醉酒感这一动机会间接影响饮酒量，也最有可能导致不良后果，如宿醉、醉驾、酒后失忆、危险性行为或临时起意的性侵犯、伤害以及肢体冲突。该研究的调查对象报告说"平均每晚有 0.25 个不良后果"，这意味着平均每 4 个喝热身酒的夜晚中就有 1 个夜晚会导致不良后果。

饮酒的消极动机

通过饮酒应对问题和缓解消极情绪，成了人们越来越突出的饮酒动机，这可能导致过量饮酒。饮酒动机最早可能出现在生命的早期。一项针对饮酒动机起源的纵向研究表明，那些 3 ～ 8 岁生活在暴力家庭的被试，以及那些目睹了父母之间言语威胁或实际攻击行为的被试，在 12 ～ 14 岁时的应对动机型饮酒明显更多，应对动机也与他们 18 ～ 20 岁时的饮酒量显著相关。

英国一项针对青少年进行的大规模调查显示，他们中物质使用的消极动机十分突出。与之前的研究一样，这些学生每周饮酒越多，他们和酒精相关的问题就越多。此外，相较于饮酒的积极原因（比如为了与喝酒者宴饮交际），饮酒的消极原因（比如为了缓解紧张）与饮酒相关问题的关联更密切。换句话说，试图通过饮酒来应对问题只会让问题变得更糟。

对于那些有强烈应对动机的经验型饮酒者来说，一种情绪困扰是满脑子都想着酒。也就是说，研究发现那些具有强烈应对动机的人的消极情绪可能会引发他们对酒的渴望。当然，这往往会导致他们饮酒。

对美国家庭进行的一项大规模调查发现，物质使用这种应对方式会带来很多严重问题。这项研究发现，那些为了缓减焦虑而饮酒的人，其"自杀意念和自杀企图的可能性增加"。显然，困扰这些人的不仅仅是饮酒带来的伤害。

酗酒厌食症（drunk-orexia）是应对型饮酒的另一个副作用，那些超重的人想要通过节食减肥，甚至通过饭后催吐减肥。随后，为了缓解由此而产生的消极情绪，他们经常会饮酒。大吃大喝导致的体重暴增会带来消极情绪。这激发了饮酒的应对动机，让人想要通过饮酒来减轻对身体形象和健康风险的担忧所引发的消极情绪。

母亲的工作与养育义务相冲突这个例子，很好地说明了饮酒行为与应对压力问题之间的关系。当然，受雇于公司就要完成相应的工作任务，但是孩子也需要母亲的照顾。这一冲突所带来的问题，可能会给工作认真负责而又想无微不至地照顾孩子的母亲带来很大压力。

桑德拉·昆奇（Sandra Kuntsche）和伊曼纽尔·昆奇（Emmanuel Kuntsche）在 2021 年研究了这种压力对饮酒行为的影响。这是一项针对生活在瑞士法语区学龄前儿童（3 ~ 6岁）及其父母的大规模研究，结果发现，相比于那些工作与家庭义务之间冲突较少的母亲，那些冲突较多的母亲喝酒更多。另外，统计分析清楚地表明，这些母亲在冲突时期的饮酒量，与她们想要通过饮酒来应对这些压力的强烈程度相关。也就是说，应对动机在母亲的工作－育儿冲突与饮酒量之间，起了中介作用。

有趣的是，在父亲身上并没有看到这种工作与家庭之间的冲突。对于这种差异的原因，昆奇夫妇并没有进行详细阐述，但这可能是因为社会对母亲和父亲的养育义务的期望不同。因此，母亲比父亲承受的压力更多，因为父亲觉得社会对他们养育子女的期望更低。

德沃夏克等人（Dvorak et al.）研究了人们饮酒动机的强度与他们的性行为之间的关系。为此，研究人员在美国中西部招募了大量有饮酒习惯的大学生。结果证实，饮酒者增强动机与社交动机的强度可以预测他们的饮酒量。由于饮酒量与他们过去或未来与无正式伴侣关系的人发生性行为的增加相关，其增强动机与社交动机也间接预测了他们一夜情行为的增加。但有趣的是，德沃夏克等人还发现，无论受访者的饮酒量是多少，其应对动机都可以预测他们的一夜情频率。也就是说，那些在应对动机型饮酒上得分高的受访者，会通过一夜情来应对不愉快情绪。研究人员推测，饮酒和一夜情都有助于他们缓解不愉快的情绪状态。

我们都知道，饮酒可以暂时缓解情绪痛苦。但是，如果一个人习惯于借酒浇愁，那他可能会对酒精上瘾，并出现很多问题。在偶发性狂饮与酒精成瘾之间，饮酒者可能需要一段时间才能充分认识到饮酒的破坏性后果。在经历过饮酒带来的短期不愉快后果之后，青少年饮酒者对此可能会有所认识，但他们可能不会因此改变饮酒习惯。这里说的破坏性后果包括"说或做让人尴尬的事、感到后悔的性经历、学业障碍、与父母或朋友的关系问题、事故或伤害、宿醉、呕吐、记忆力衰退"。因此，饮酒既会带来不良的社交后果，也会带来不良身体后果。虽然这些青少年中有许多人认识到了饮酒的潜在问题，但他们还是愿意冒险继续饮酒。

然而，生活中长期饮酒的经历最终可能会引发一些其他预期中的后果，即饮酒带来的严重不良后果。其中就包括问题饮酒行为，它会影响一个人的教育状况或职业发展，影响重要的人际关系，影响习惯行为技能，比如驾驶汽车等。有一定知识的人都知道，长期酗酒可能导致严重的脑损伤；不仅对饮酒者的大脑有影响，而且对女性饮酒者未出生胎儿的大脑及其随后的功能也有影响。如果这些担忧表明饮酒可能严重影响人们对其他重要目标的成功追求，那么这可能会与饮酒的动机冲突，并可能抑制人们的饮酒动机。另外，如果人们认为其所追求目标的重要性减弱了，那他对饮酒会带来不利后果的担忧也会减弱，而原本他会出于这些担忧而戒酒。因此，要想成功戒除饮酒习惯，可能需要在生活方式上做出重大改变。反过来，这可能会给饮酒者带来不同目标之间的新冲突，并要求他做一些艰难的选择和决定。因此对于那些希望节制饮酒的人，在其治疗程序中需要考虑这些因素。第 8 章我们将对此进行详细介绍。

当然，饮酒还会导致另一个问题，即身体对酒精上瘾。相较于增强动机型饮酒和应对动机型饮酒来说，社交动机型饮酒和顺应动机型饮酒所带来的成瘾风险更小。增强动机型饮酒和应对动机型饮酒的成瘾风险特别大，应对动机型饮酒还会增加酗酒的可能，而这本身就会带来严重的身体伤害。

动机结构的作用

显然，避免过度饮酒以及避免使用其他成瘾物质的最好方法是，在生活中追求其他有意义的目标。这就是我们所说的适应良好的动机结构。那些具有适应良好的动机结构的人，会积极追求他们努力想要达成的目标，并期望通过目标的实现获得情感上的满足，这就是目标的价值。对于这种有回报的付出，他们怀揣希望，保持乐观。但是，对于特定的个人来说，并非每件事都会带来情感回报。例如，那些长期处于较高社会地位的人，比如受人尊敬的教授，可能认为这些情感回报没能反映自己当前的成就，因此对自己的状态不那么满意。艺术家可能会对自己的创作感到厌倦，可能觉得这些创作就是机械的重复性工作，因此从中得到的满足感大不如前。这都是一些曾经非常有意义的事情，但在情感上其价值减少了很多。相对来说，与朋友喝酒带来的社交回报可能变得更有吸引力。他们可能觉得，现在是寻求其他满足的时候了，比如多为家庭或社区作点贡献。与家人、朋友或心理咨询师的沟通交谈，可能有助于他们规划这些替代目标。

那些具有适应不良的动机结构的受访者，缺乏形成强烈动机所需的一个或多个要素。例如，即使成功了，他们可能也不期望从目标的实现中获得太多情感回报，或者他们可能不认为有多少成功的机会。正如接下来讨论的那样，我们发现适应良好的和适应不良的动机结构与物质滥用的各个方面都有关系，包括物质使用的时间、地点和数量，以及他们何时能意识到饮酒已经变成一个问题、是否有动机改变和治疗后功能的行使。在治疗人们的酗酒问题时，一个重要目标可能是帮助他们改变动机结构，使之更具有适应性。

结语

人们饮酒的主要原因有四种：想通过饮酒获得美好感觉（增强动机）；为了提高社交参与度，建立和维持友谊（社交动机）；为了缓解生活中的不愉快和由此带来的消极情绪（应对动机）；为了迎合特定群体或特定场合下的社会期望（顺从动机）。前三种动机最有可能导致长期酗酒，也最可能造成身体伤害。其中，应对动机型饮酒（习惯将饮酒作为一种缓解情绪的方法）最有可能导致狂饮等酗酒问题。

第 2 章提出帮助饮酒者节制饮酒或戒酒的最好方案是让他们找到其他重要目标，投入到有意义的活动中，从而降低酒精的效用，削弱饮酒者对酒精的渴望。在第 8 章，我们将介绍实现这一目标的方法。

第 8 章

通过改变动机控制饮酒

是否需要把饮酒问题当作一种疾病进行治疗？我们暂且把这个问题放一放。很显然，如果减少饮酒会造成身体不适等问题，那就可以把饮酒问题定性为疾病。婴儿在刚出生的时候，对饮酒并没有兴趣。但是，我们在前面介绍过，遗传因素会影响一个人对酒的喜好程度。另外，大量饮酒会改变大脑功能，例如降低大脑奖励回路的敏感性，这会减少人们对快乐的体验。这种变化会让人感到心烦意乱，而通过饮酒缓解这种感受。这样就加重了饮酒者对酒精的依赖，并加剧了过度饮酒的程度，慢慢地，这就发展成了疾病。是否将饮酒问题定性为一种疾病，主要取决于如何定义疾病。是否需要控制饮酒，也是饮酒者自己的一个选择。

成瘾问题

作为这个选择过程中的一个重要考虑因素，酗酒肯定与各种身体疾病有关。根据美国国家酒精滥用与酒精中毒研究所提供的《饮酒情况统计数据》，截至 2021 年 2 月，研究表明，"过度饮酒的人患肝脏疾病、心脏病、抑郁症、中风、胃出血、口腔癌、食道癌、咽喉癌、肝癌、结直肠癌的风险更大，他们在管理糖尿病、高血压、疼痛和睡眠障碍等疾病方面也可能存在问题，他们进行不安全性行为的可能性也会增加"。此外，长期酗酒者的各种大脑基本过程也会发生变化，这反过来会改变其对压力的反应，以及各种情绪反应。在人们经历了狂饮阶段的那些变化以及两次饮酒之间的戒断症状后，大脑功能也会发生不易补救的变化。因此，很多人会延长饮酒时间，以缓解戒酒带来的不适。最重要的是，如果没有医疗护理而贸然戒酒，可能会造成致命后果。关于长期过量饮酒的身体伤害，参见第 3 章。

自我改变

大多数重度饮酒者在染上酒瘾之前，会在没有正式医学帮助的情况下，自己控制饮酒。对于其他饮酒者来说，目前还没有可靠的标准方法可以让他们从过度饮酒转向更健康的生活，但他们可以从一些治疗项目中获得支持和指导。当然，其中最古老也最著名的就是匿名戒酒者协会，这个组织致力于让其成员完全戒酒。但是，正如下面将进一步讨论的那样，大多数寻求帮助的饮酒者会间歇性地再次饮酒。本章主要介绍控制饮酒的方法，以及一些可能有帮助的治疗项目。

控制饮酒的指导原则

在前面几章，特别是第 2 章和第 5 章，我们介绍了一些控制人类行为的基本原则，以及个人控制饮酒的方法。这主要包括：

1. 大脑本质上是目标机器。人们想要追求和获得的某个事物的信息（即对此人的激励），以及关于如何执行和对待这些激励的信息，都存储在大脑中。当人们决定追求某个事物时，激励就变成了他的一个目标。大脑同样会存储人们想要避免、终结、逃离或攻击的信息。这些信息有些是与生俱来的，不需要特意学习。但是，大多数信息是通过后天学习获得的。

2. 每个目标的效价，取决于人们对这个目标的所有情绪反应，即当人们遇到它、想象它或回忆它时，对其外观、声音、味道、气味和感觉的反应。这些情绪反应标记了每个激励或目标的效价。有些情绪反应是与生俱来的，有些则是通过后天学习获得的。这包括积极情绪，比如轻微快感、狂热喜爱等；也包括消极情绪，比如微怒、反感和厌恶等。饮酒以及其他目标，都会带来积极或消极的情绪反应。

3. 情绪强度及其标记的（正负）效价，即目标的重要性，是决定人们追求这个目标的原因之一。另一个原因，也是主要决定因素，是人们的期望——以可接受的时间和精力、人力和物力达成目标的预期可能性。负效价是指产生不良后果的风险，比如对目标产生依赖、酒精成瘾等。

4. 这种目标选择的思考方式，来源于一个被广泛接受的古老理论，即期望价值理论。它不仅适用于人们对酒精和其他物质的选择偏好，也适用于人们在生活中必须做的任何其他决策。

5. 如前所述，如果某些事物达到人们所设定的目标条件，大脑就会优先对其进行认知处理。也就是说，它比人们可能遇到或回忆起的其他事物更强烈、更快速地吸引了人们的注意力。这也意味着喝酒的人会对酒保持特别关注，满脑子都想着酒。

6. 大脑需要目标。缺乏追求目标的强烈动机，看不到成功实现目标的可能，会导致消极情绪，比如感到无聊、空虚、绝望和痛苦。强烈的动机会激发乐观情绪，并引导人们积极地追求这些目标。不利的一面是，在追求目标的过程中，失败会自动导致消极情绪，比如失望、愤怒和抑郁。这一系列的情感体验是动机－脱离循环的一部分，伴随着放弃目标的过程，而且它们可能引发饮酒行为，以此缓解不愉快情绪。

饮酒决策的期望价值理论

期望价值理论（期望 × 价值）有着悠久的历史，而且有多种不同的名称。这个理论的基本原则，已经得到了最新神经科学研究的证实。如需了解其详细论述，请参阅克林格和考克斯 2011 年编著的《动机咨询手册》（*Handbook of Motivational Counseling*）的第 1 章——当前主流的动机理论。期望与价值的关系之所以用乘号表示，是因为所追求对象的价值与实现可能性之乘积，通常可以很好地预测人们决定追求什么目标。也就是说，人们选择那些实现可能性与价值的乘积最高的对象作为追求的目标。

下面，我们通过一个具体例子来说明期望 × 价值的含义。如果一个人将获得工作晋升能带来的价值评为 90 分 / 满分 100（这个人非常渴望得到晋升），而且他认为只要他有良好声誉和高绩效，就很有可能获得晋升（将获得晋升的期望值评为 90 分 / 满分 100）；那么，晋升这个目标的期望 × 价值就是 8100。但是，如果这个人禁不住诱惑，开始和朋友们过花天酒地的生活，经常不参加工作上的重要会议，那么他的声誉可能会受到影响，晋升期望可能会下降到 20 分 / 满分 100。现在，期望 × 价值 =1800 了，晋升可能已经遥不可及了。如果和朋友们的饮酒作乐使得晋升价值仍然有 50 分 / 满分 100（能获得晋升是件令人高兴的事，但没能获得晋升也没太大关系），即使公司对他很满意，晋升期望是 100 分 / 满分 100，这时期望 × 价值 =5000，这比原来好好工作时的 8100 差了很多。因此，这个人最好还是不要和朋友们过花天酒地的生活。

与期望价值理论的发展一样，有些研究者对最近的相关研究进行了广泛回顾，并提出了一个"准哲学"模型，用于解释人们如何做出所有关于是否选择饮酒的决定，哪怕只是暂时的决定。他们将其称为"基于价值的决策"，这种方法与本章提出的观点以及我们之前介绍的内容高度一致，即人们选择能给他们带来最大价值的行动方案。菲尔德等人"基于价值的决策"理论，忽略了期望 × 价值公式中"期望"的重要性，他们提出了其他概念，例如效用（"收益／成本"）和延迟获得的非物质激励，而这些会减损期望 × 价值公式的计算净值。

当然，价值和期望也包含一些复杂因素。例如，最近的一个研究发现，当一个人为自己迷上美味但不太健康的食物找到理由时，他吃健康食品的动机可能会减弱。价值和期望也很容易发生改变。在饮酒方面，价值和预期的改变的典型例子就是酒精成瘾。随着反复地大量饮酒，身体会逐渐适应酒精；如果不饮酒，身体就会产生消极情绪和强烈的饮酒欲望。这会自动增加酒精的吸引力，因为人们希望通过饮酒达到这样的理想效果——减轻对饮酒的渴求和不喝酒带来的痛苦。

菲尔德等人在 2020 年发表的论文支持了我们的基本观点，即无论是在特定场合饮酒还是长期饮酒，饮酒决定都是在酒精和其他重要目标之间的选择，这些目标可能因饮酒而受到不利影响。因此，要培养合理而无害的饮酒行为，就要让饮酒者通过权衡利弊做出明智的饮酒决定。

因此，本章开篇列出的那些基本原则，可以让饮酒者了解到，在生活中这些方面做出改变，可能有助于他们戒酒或节制饮酒。也就是说，饮酒者需要搞清楚，在他们眼中，除了喝酒，还有哪些与目前的饮酒习惯一样重要的目标。然后，他们可以决定如何改变自己的行为模式，以促进这些替代目标的实现。

自制力的作用

在 2020 年，张智源等人对社区自然康复的饮酒者（即那些在没有专业医学帮助的情况下自行减少过量饮酒的人）进行了一项大规模研究。饮酒者自然康复成功的最佳预测因素之一，是他们保持饮酒量固定。相比于每天都过量饮酒的人，那些每天饮酒量固定的人更有可能养成适度饮酒的习惯。在尝试节制饮酒之前，这些人都经常过量饮酒，但随着时间的推移，他们每天的饮酒量慢慢地保持固定。他们在自然康复过程中，只是简单地将每天的饮酒量减少到一个更适度的水平，而且每天保持这个相对固定的量。要做到这一点，他们必须对自己的饮酒模式进行持续控制，并将饮酒量控制在适度水平。要坚持每天适度饮酒这种模式，需要高度的自制力。

他人支持的重要性

蔡淑宁等人最近的研究表明，他人支持可能是一个重要的影响因素。如果个体在做决定时与那些认可并支持他们价值观和自主性的重要他人建立了良好的人际关系，那他们实现自己目标的可能性更高。这表明，那些想要节制饮酒的个体，最好拥有或建立起这样的人际关系，为他们的自主性提供支持。这些提供支持的人可以是不喝酒的朋友、配偶、亲人或受过适当培训的咨询师。特蕾西等人（Tracy et al.）的研究与这个结论相一致，她们在 2005 年报告说，相较其他人而言，处于稳定、非破坏性伴侣关系中的退伍军人的精神活性物质使用问题更少。

毫无疑问，他人的支持有助于节制饮酒。那么是什么激励了重度饮酒者节制饮酒或戒酒？针对这个问题，索贝尔等人（Sobell et al.）在 1993 年通过媒体广告招募被试，对重度饮酒者进行的一项广泛研究发现，大多数成功控制饮酒的被试报告说，他们在没有专业医学帮助的情况下成功实现了节制饮酒。另外，与蔡淑宁等人的研究结论一致，索贝尔等人的发现表明，他人对饮酒者想要戒酒或节制饮酒的支持，对其成功控制饮酒起着重要作用。他们在论文中，列出了成功控制饮酒后 1 到 12 个月有助于维持节制的 21 个因素，供饮酒者参考选择。其中，排在列表第一位的是配偶支持，占 66.7%；朋友支持，占 51%，排在第三位；家人支持，占 46%，排在第六位；排在列表更后面的，是朋友关系的改变，占 39%；排在列表最后的是匿名戒酒者协会，占 7%。

在索贝尔等人的列表中，排在第二位的是自我控制或意志力上升，占 64%。当然，这与外部支持不同，但与蔡淑宁的观点"决策者的自主性对于个体的目标选择非常重要"是一致的。值得注意的是，在蔡淑宁等人看来，被试其他生活环境的重大变化与他们改变饮酒习惯的关联不强。

另外，除了索贝尔等人列表中的那些因素，他们还发现很大一部分饮酒者对酒精给他们生活带来的影响表达了不满。这种认识是漫长的认知过程的一部分，并最终使这些饮酒者采取一切必要措施，改变酒精对他们生活的影响。

哈佛医学院的建议

美国哈佛医学院最近发表了一份题为《克服成瘾：找到有效的康复之路（2020 年）》的报告，为那些感觉自己有物质成瘾的人提供了 5 个具体的戒除步骤：①设定戒除日期；②改变生活环境；③分散注意力；④回顾过去为此做过的努力；⑤建立一个支持网络。报告随后对每个步骤进行了详细说明。

如果饮酒者的决定是戒酒，这 5 个步骤与本书表达的观点是一致的，但它们没有完全涵盖重要部分。我们建议第一步将戒酒作为明确目标，然后赋予戒酒各种力量，这些力量是目标明确的选择所特有的。一开始，戒酒这一明确的新目标会与饮酒的旧目标形成竞争。第二步努力减少戒酒和其他目标之间的竞争，比如少与酒友一起外出活动。第三步引导饮酒者转变思想，远离那些可能导致其重新开始饮酒的诱惑。正如我们在第 2 章中介绍的，在大脑处理与目标相关的刺激时，如果心中有目标的话，对于与这个目标相关的刺激，大脑就会给予更高的优先级，这包括与饮酒有关的刺激。只要饮酒还具有一定的目标特性，让人们对它有所渴求，那么任何会让人联想到饮酒的刺激，都会很快得到大脑的处理。这些刺激与饮酒的联系，会加快它们进入意识、唤起记忆和相关想法的速度；而这可能会加强想饮酒的欲望。第四步回顾以前的戒酒努力，找出那些会破坏戒酒目标的行为模式。第五步明智地改变自己的人际关系，包括向受过培训的治疗师寻求专业支持。很显然，这些步骤是成功戒酒的明智选择。

但是，要想成功减少饮酒量，最重要的可能是确立其他有价值的目标，这些目标对饮酒者的重要性超过了饮酒的重要性。其中一个重要目标是找到生命的意义。换句话说，成功治疗的关键因素可能是治疗后能过上有意义的生活。

除此之外，饮酒者还必须充分认识到过量饮酒与他的其他目标之间的冲突，并将完全戒酒作为终极目标。完全戒酒这一终极目标可以与这些目标中的任何一种发生冲突——从家人关系，到职业目标、政治目标、健康目标等。埃蒙斯（Emmons）和迪纳（Diener）发现，积极情绪与拥有重要目标之间的联系，和积极情绪与实现这些重要目标之间的联系同样紧密。由此可见，饮酒者除了认识到自己有目标或需要目标，还要认识到这些目标与饮酒是背离的和冲突的，这为戒酒或控制饮酒提供了强大的动机。

支持控制饮酒的组织资源

现在，可以为戒酒者提供专业支持的方法有很多。最有名的传统支持方式是匿名戒酒者协会这个互助组织，它已经帮助了很多饮酒者成功戒酒。现在，嗜酒家庭互助会（Al-Anon）和青少年互助会（Alateen）等类似组织是匿名戒酒者协会的补充力量，这些组织呼吁人们关注身边的饮酒者。由于这些组织具有匿名性，而且它们的方法各异，因此对其能够帮助饮酒者戒酒成功的概率的预估差异很大。匿名戒酒者协会出版的《大书》（*The Big Book*）估计，有大约50%的会员实现了长期戒酒，大约25%的会员仍然是饮酒者。在2014年，匿名戒酒者协会对大约6000名会员进行的一项调查发现，至少1年没再饮酒的人约为27%，1~5年没再饮酒的人约为24%，5~10年没再饮酒的人约为13%，10~20年没再饮酒的人约为14%，超过20年没再饮酒的人约为22%。

但是，匿名戒酒者协会的"十二步骤"的成功率很难确定。匿名戒酒者协会的许多会员以前接受过或目前正在接受专业治疗，这让人们对匿名戒酒者协会自身的具体贡献程度产生了质疑。匿名戒酒者协会致力于让人们戒酒，但许多人只是想努力将饮酒量控制在合理范围。成为匿名戒酒者协会的会员就意味着要参加很多戒酒聚会，2014年的调查显示，会员平均每周参加2.5次聚会。这表明，除了其他影响因素，个体的动机差异在匿名戒酒者协会的治疗结果中起重要作用。

莫斯等人（Moos et al.）对饮酒者开展了一项研究，其被试在治疗酒精问题的第一年里，有的只接受匿名戒酒者协会治疗，有的只接受专业医学治疗，有的同时接受匿名戒酒者协会和专业医学治疗。然后，他们对这些被试进行了 16 年的跟踪调查。那些同时接受匿名戒酒者协会和专业医学治疗的饮酒者，"参加戒酒聚会的持续时间更长，次数更频繁，其症状也更有可能得到缓解（不再过度饮酒）。相较于那些没有接受匿名戒酒者协会治疗的被试来说，那些最初只接受匿名戒酒者协会以及那些较晚才加入匿名戒酒者协会接受治疗的被试，其缓解效果更差。参加戒酒聚会的持续时间更长的被试，其在全部的 4 次随访中得到缓解的可能性都更高；那些中途退出匿名戒酒者协会的被试，再次过度饮酒或酗酒情况得不到缓解的可能性更高"。同样，这个研究也没能区分专业医学治疗、匿名戒酒者协会治疗以及个体的动机差异对治疗效果的实际影响。

现在，还有一些其他组织也为控制饮酒或其他物质使用提供支持。非营利组织有自我管理和康复小组、适度控制康复小组、SOS 救助小组、生命之环康复小组和清醒女人康复小组。著名心理学家斯坦顿·皮尔（Stanton Peele）创立了"生活过程计划"，这是一个获得了相关经费支持的在线成瘾康复项目。

目前，一种使用最广泛的专业治疗方法是认知行为疗法（Cognitive-behaviorial therapy，CBT），这是一种旨在识别和纠正饮酒者错误信念的心理疗法，它可以帮助饮酒者看清他们的想法和感受如何影响他们的行为。例如，饮酒者可能抱有这样一种信念，即认为如果不饮酒他们就没法社交，也不可能玩得开心。治疗师也会使用行为原则，比如在第1章中介绍的那些原则，来帮助饮酒者改变他们适应不良的动机结构。CBT 中的一种适应性行为称为应急管理，它利用操作性条件反射的原理，来实现行为的预期改变。例如，如果饮酒者能够确认他们已经达到了约定的饮酒减少量（比如通过呼气测试或重要他人的证实），那将对他们取得的成功进行强化，比如给予金钱奖励或代币——他们可以用来兑换自己喜欢的物品。应急管理是"对物质使用障碍最有效的社会心理干预措施之一"。

另一种广泛使用的方法是动机访谈，它的简短版本名为动机增强疗法。与匿名戒酒者协会的治疗方法不同的是，动机访谈侧重于来访者和治疗师之间的对话。治疗师表达对来访者的同理心与共情，避免与来访者争论，并支持来访者的自我效能。同时，治疗师从来访者的角度，指出来访者的现实情况与其想要达到的目标之间的差距，从而增强来访者改变的动机。在帮助饮酒者解决酗酒问题的有效性方面，实证研究表明，动机访谈和动机增强疗法都比不治疗更有效，而且总体上与其他治疗方法一样有效。

与此同时，基于本书所介绍的这些原则而开发出来的治疗方法，已经得到了越来越多研究的认可，而且看起来相当成功。他们主要开发了两种方法，即系统动机咨询（Systematic Motivational Counseling）和酗酒问题的注意力控制训练方案（Alcohol Attention-Control Training Programme，AACTP）。接下来，我们将对此进行详细介绍。

系统动机咨询

系统动机咨询是基于本章介绍的个人决策原则发展出来的方法。系统动机咨询反过来促进了各种变形模式的产生，其中有些变形模式不那么精细，但却很有应用前景。这种咨

询方法首先使用问卷评估来访者的动机结构，这些问卷包括
"动机结构问卷""个人问题清单"和变体版本如"个人抱负
和关切清单"等。咨询师要求来访者描述并评估其在家庭事
务、人际关系、财务状况、职业发展等多个生活方面的目标。
这些问卷在《动机咨询手册》中有详尽的介绍。

　　首先进行问卷调查的目的是评估来访者动机结构的适应
性，也就是说，除了饮酒，来访者是否有积极追求的目标，
是否有实现这些目标的合理信心。这类目标可能是与某人建
立或保持一种称心的亲密关系，获得或坚持一份自己满意的
工作，在自己感兴趣的或有助于以后就业的学科成功取得学
位，等等。拥有积极的动机结构，可能会在目标竞争中战胜
过度饮酒；而且，有积极动机结构的个体更乐意追求那些需
要付出更多时间才能实现的目标。这种对未来回报的积极预
期，使人们更容易戒酒或减少饮酒。在塔克等人（Tucker et
al.）的研究中，这反映在人们的存钱目的上——是为了以后
购买非酒精饮料，还是为了以后购买酒精饮料。那些拥有适
应不良的动机结构的人，缺乏有吸引力的、可实现的目标，
这表明饮酒者需要认真考虑如何追求那些更有吸引力的目标。
如果这个人正在接受咨询，这可能是后续咨询的重点。

在德国工作的施罗尔等人（Schroer et al.）和富尔曼等人（Fuhrmann et al.）分别在 2004 年和 2011 年开发了系统动机咨询的团体咨询版本（group-counseling version of SMC，简称为 SMC-G）。最初，这是为治疗酗酒的来访者设计的；后来，它慢慢地应用到多种疾病的治疗中。SMC-G 通常分为 5 个阶段进行。与个体咨询版本一样，首先从来访者的目标出发，引出来访者当前关注的问题，评估其动机结构。同样，它还包括小组成员和治疗师之间的互动交流。

在 SMC-G 的治疗过程中，来访者可以了解到：他们的个人目标如何融入更大的人生追求中，放弃某些适应不良的动机结构是否对他们更好，以及如何更好地调节自己的生活。根据具体情况，SMC-G 可以为来访者后续的个体咨询做准备。研究表明，SMC-G 与标准社交技能训练方案一样有效，而且所需的时间和疗程都更少。

酗酒问题的注意力控制训练方案

作为迈尔斯·考克斯和贾瓦德·法达尔迪（Javad Fadardi）密切合作的成果，注意力控制训练方案的基础是有充分证据支持的研究发现（第 155 页第 5 条指导原则），即大脑会优先处理与个人目标相关的刺激。对于习惯性饮酒者来说，这意味着相较于与个人目标无关的刺激，那些酒类广告或其他与酒有关的外部刺激能更快、更强烈地吸引饮酒者的注意。对这些刺激的优先处理，可能会增加他们想喝更多酒的欲望。为了训练饮酒者减少对酒精相关刺激的优先处理，考克斯和法达尔迪制订了酗酒问题的注意力控制训练方案，这至少在几个月内成功地减少了酗酒者对酒精相关刺激的优先处理。

　　酗酒问题的注意力控制训练方案使用了前文介绍的史楚普实验的一个范式。在考克斯等人 2015 年使用的版本中，研究人员通过电脑屏幕向酗酒者展示单词，这些单词都属于三种刺激类别中的一种。其中两种刺激是在屏幕上显示一个酒精饮料瓶或非酒精饮料瓶；每个瓶子周围要么是彩色背景，要么是单色轮廓——四种颜色（红、黄、蓝、绿）中的一种；每个参与者的任务是忽略图片的内容，通过按下电脑键盘上与屏幕颜色对应的按钮，尽可能快速准确地说出饮料瓶周围的颜色。在第三种刺激中，瓶子成对地同时出现在屏幕上，研究人员要求每个参与者尽快说出每个非酒精饮料瓶的轮廓颜色（目标），而忽略酒精饮料瓶。参与者说出颜色所用的时间长短，是衡量他们能否避免纠结于瓶子里酒精饮料的一个指标。实验人员记录下参与者的反应时间，并在每次实验结束后与参与者讨论他们的反应时间。对于那些每次反应时间都特别长的表现极差的参与者，允许他们进行额外的练习；每个参与者有四次这样的练习。当然，这些练习主要是训练他们不要理会那些与酒精有关的刺激。这种方法可以有效对抗酗酒者大脑对酒精相关刺激的自动优先处理。

生活提升与改善计划

在 2015 年发表的一项实验报告中，考克斯、法达尔迪、霍西尔（Hosier）和波托斯（Pothos）分别对上述酗酒问题的注意力控制方案和以下所述的"生活提升与改善计划"（Life Enhancement and Advancement Programme，LEAP）的有效性进行了验证。为此，他们招募了一组想要减少饮酒量的成年志愿者，并将这些参与者分为四组，其中一组只接受 AACTP 干预，另一组只接受 LEAP 干预，第三组同时接受 AACTP 和 LEAP 干预，而纯对照组不接受任何干预。LEAP 是一个四期小组研讨会，旨在"帮助酗酒者了解他们如何通过饮酒来调节自己的情绪与感受，以及饮酒与他们生活中的其他奋斗目标是否相关，同时更有效地实现他们的戒酒目标，让他们不依赖酒精也能过上满意的生活"。

研究开始时，用"个人抱负和关切清单"对所有参与者的个人目标及其动机结构进行了评估。然后，进行生活提升与改善计划，带领参与者评估他们的目标，并让其决定继续追求哪些目标，从而使他们对以后的生活总体满意。

每个参与者都在大约一个月的时间里，接受了 AACPT 干预，或 LEAP 干预，或同时接受了 AACPT 和 LEAP 干预。在 AACTP 和 LEAP 干预结束后的 6 个月内，他们接受了 3 次饮酒情况的评估。第一次评估在干预结束时进行，其余两次评估分别在结束后第 3 个月和 6 个月的随访中进行。

每次接受评估的参与者人数比前一次评估都减少了大约 20%。参与者在研究中途流失的情况令人担忧，因为这就无法确定该组饮酒量的减少是否只是反映了接受随访的参与者的饮酒量低于那些中途流失的参与者。但是，在分析每个时间点的评估数据时，对于那些不再参加后续评估的参与者，研究者使用了他们之前报告的饮酒量来代替他们缺失的数据。由于缺乏一部分参与者的后续随访评估数据，因此不能得出结论说这些干预的效果较好，也不能说这些干预的效果较差。

在最后一次随访评估中，参与者报告的每周饮酒量，比他们在接受 AACTP 或 LEAP 干预之前所报告的下降了一半左右。当然，这离戒酒还差很远，而且戒酒也不是他们的目标；但是，它表明这些干预在减少饮酒量方面有显著效果。AACTP 的这个效果在干预后的最初几个月最为明显，然后趋于平稳。LEAP 干预比 AACTP 需要更长的时间才能生效，但随后其疗效保持强劲而且具有统计上的显著性。到评估结束时，AACTP 和 LEAP 联合干预的效果不再比单独应用 LEAP 更好；但是，AACTP 的早期效果至少让人们更早看到了改变是可能的，而且可以带来好处，这是一种激励。

结语

考克斯等人通过饮酒问题的注意力控制训练方案（AACTP）和生活提升与改善计划（LEAP）获得的结果，支持了本章开篇介绍的六个指导原则，即动机结构（有价值的可实现目标的排序）对饮酒问题有着重要的影响作用。在认知过程中，大脑会优先处理与目标相关的刺激，优先关注与目标相关的事件和想法，以及那些可能影响目标实现的事情。重要的目标会让人觉得自己的生活有盼头，这就像是一剂强力解药，可以有效缓减人们的酗酒问题。可实现的重要目标为人们的未来提供了一个美好憧憬，让人们的生活积极有序。对未来的美好憧憬是让人感到乐观的基础，必然会产生积极的影响。饮酒也会产生积极的影响，至少在饮酒之初是这样的。但是，已经过着幸福生活，或已经拥有可实现的重要目标，这会减少或消除人们想要进一步提升情绪的欲望。

正如我们在第 6 章以及本章前半部分介绍的，无论是在社会交往中还是在与关系密切的人之间，我们的价值观和决策受到周围人的强烈影响。我们的目标选择以及饮酒行为，也同样会受到这样的影响。正如本章所述，身边有支持节制饮酒的人，对酗酒者改变饮酒习惯和成功地节制饮酒，都非常重要。毫无疑问，他人的支持非常有助于大多数酗酒者控制饮酒——节制饮酒或戒酒。如果缺乏家人和朋友足够的支持，或者为了补充这种支持，匿名戒酒者协会以及很多其他组织都可以提供这样的支持资源，比如自我管理和康复小组、适度控制康复小组、SOS 救助小组、生命之环康复小组和清醒女人康复小组。

可以肯定的是，正如我们在本章和第 3 章中介绍的，随着时间的推移，过量饮酒会导致大脑发生改变，从而使减少饮酒变得比以前更加困难。因此，这时想要减少饮酒或戒酒，比刚开始染上酒瘾的时候更难以实现。在我们早年的基础教育中，就应该把这一事实阐释清楚。基础教育还应该提供这样的信息：尽管控制饮酒会带来心理压力和精神痛苦，我们仍有理由乐观地相信这些压力和痛苦是暂时的，而改变生活这个重要目标，终会实现。

开始控制饮酒的建议

（准备阶段）

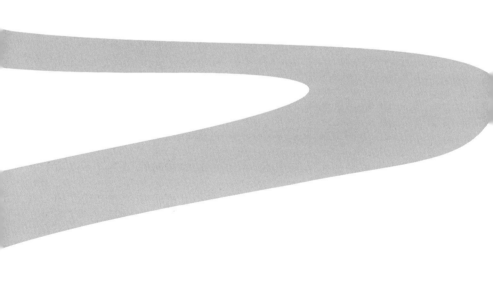

1. 问问自己，是否真的想要改变饮酒习惯。首先，想一想饮酒给你带来了哪些困难，列出你能想到的所有困难。

2. 想一想，改变饮酒习惯会带来什么好处？列出你能想到的所有好处。然后想一想改变饮酒习惯的好处是否大于继续饮酒的好处？如果是这样，你可能更有改变的动力。

3. 改变饮酒习惯对你来说有多难？在 0 到 10 的评分尺上（0 代表没有实现的可能，10 代表肯定能够实现），你认为自己能成功改变饮酒习惯的可能是多少？有没有什么方法可以增加你成功的可能？

4. 如果你决定了要改变饮酒习惯，那么为改变设定一个明确具体的目标非常重要。你是想节制饮酒，还是想完全戒酒？即使你是想节制饮酒，在最初的一段时间里完全不饮酒也会很有帮助。这将证明你并非离不开酒，并且可以让你的身体从过量饮酒的不良影响中恢复过来。

5. 如果你打算彻底戒酒，无论是永久戒酒还是只是在开始阶段戒酒，你都必须认识到：突然戒酒可能会危及生命。

向医生说明你的戒酒想法，咨询并寻求医生的建议，这是非常重要的。医生可能会开一些药物来帮助你度过这个困难时期，或者医生可能会建议你参加医学戒酒项目。

6. 无论你的目标是节制饮酒还是完全戒酒，当你打算改变你的饮酒习惯时，都要设定一个具体日期。如果你决定将节制饮酒作为你的近期或者最终目标，那么为此制订一个明确的计划就很重要了。例如，刚开始时你是直接将饮酒量减少到健康水平，还是逐渐减少饮酒量？如果你选择逐渐减少，那你还要制订一个具体的行动计划。例如，在第一周，你要确定一个具体的减少量，并在接下来的几周里进一步减少。你也可以确定在一周的某几天完全不喝酒，从而减少饮酒量。

7. 无论你决定采取什么样的行动计划，重要的是坚持书面记录你的进展。一定要测量你喝了多少酒，并准确记录你在什么时候喝了什么酒。只有这样，你才知道自己是否达到了目标。仅仅知道自己是否成功，还远远不够。

8. 很有必要记录下饮酒前后发生的事情以及你的感受。这可能会帮助你深入了解自己的饮酒动机，你可能会发现其中的规律。例如，你是在情绪低落的时候想喝一杯，还是仅仅因为你想尽兴才喝酒？

9. 还有一些重要的因素，可以增加你成功的可能。例如，得到家人和朋友等人的支持是很重要的。加入互助团体或寻求专业支持，也可能会很有帮助。

10. 在减少饮酒或戒酒的日子，你会感到生活空虚。当你不再通过饮酒来应对时，你能做哪些事来填补生活中产生的空虚呢？重要的是去参加你觉得有趣的活动，这可以让你不会心里老惦记着酒。你还需要一些现实的且可实现的目标，这样生活才有奔头。

11. 想要控制饮酒的人有时会发现，当自己成功达到目标时，定期的自我奖励很有帮助。就像心理学家说的那样，得到奖励（强化）的行为在未来更有可能再次发生。这些奖励可以是你一直想要的小礼物，也可以是一顿配有非酒精饮料的大餐。

参考文献

第1章　饮酒的核心动机

American Psychiatric Association. (2013). *Diagnostic and statistical manual of mental disorders* (5th ed.). American Psychiatric Publishing.

AUDIT: the Alcohol Use Disorders Identification Test: Guidelines for use in primary health care (second edition). (2001, November 18).

Cooper, M. L. (1994). Motivations for alcohol use among adolescents: Development and validation of a four-factor model. *Psychological Assessment*, 6(2), 117–128.

Cooper, M. L., Kuntsche, E., Levitt, A., Barber, L. L., & Wolf, S. (2016). Motivational models of substance use: A review of theory and research on motives for using alcohol, marijuana, and tobacco. In K. J. Sher (Ed.), T*he Oxford handbook of substance use and substance use disorders* (Vol. 1, pp. 375–421). Oxford University Press.

Cox, W. M., & Klinger, E. (1988). A motivational model of alcohol use. *Journal of Abnormal Psychology*, 97, 168–180.

Cox, W. M., & Klinger, E. (1990). Incentive motivation, affective change, and alcohol use: A model. In W. M. Cox (Ed.), *Why people drink: Parameters of alcohol as a reinforcer* (pp. 291–314). Amereon Press.

Cox, W. M., & Klinger, E. (2004). A motivational model of alcohol use: Determinants of use and change. In W. M. Cox & E. Klinger (Eds.), *Handbook of motivational counseling: Concepts, approaches, and assessment* (pp. 121–138). Wiley.

Cox, W. M., & Klinger, E. (2011). A motivational model of alcohol use: Determinants of use and change. In W. M. Cox & E. Klinger (Eds.), *Handbook of motivational counseling: Goal-based approaches to assessment and intervention with addiction and other problems* (pp. 131–158). Wiley-Blackwell.

Cox, W. M., & Klinger, E. (2021). A psychological-systems goal-theory model of alcohol consumption and treatment. In D. Frings & I. P. Albery (Eds.), *The handbook of alcohol use and abuse: Understandings from synapse to society* (pp. 237–260). Elsevier.

Dupree, C. H., Magill, M., & Apodaca, T. R. (2016). The pros and cons of drinking: A qualitative analysis of young adult drinking discussions within motivational interviewing. *Addiction Research & Theory, 24*(1), 40–47.

Gilman, J. M., Ramchandani, V. A., Davis, M. B., Bjork, J. M., & Hommer, D. W. (2008). Why we like to drink: A functional magnetic resonance imaging study of the rewarding and anxiolytic effects of alcohol. *The Journal of Neuroscience*, 28(18), 4583–4591.

Huss, M. (1849). *Alcoholismus chronicus, eller Chronisk alkoholsjukdom [Chronic alcoholism, or chronic alcoholic disease]*. Leipzig.

International statistical classification of diseases and related health problems (10th Revision). (2010).

Tabakoff, B., & Hoffman, P. L. (2013). The neurobiology of alcohol consumption and alcoholism: An integrative history. Pharmacology, *Biochemistry and Behavior*, 113, 20–37.

The law on alcohol and under 18s. (n.d.).

What Is A Standard Drink? (n.d.). National Institute on Alcohol Abuse and Alcoholism (NIAAA). Retrieved from https://www.niaaa.nih.gov/what-standard-drink.

What is an alcohol unit? (2020, April 23).

第 2 章　为何将饮酒作为目标?

Cooper, M. (2018). The psychology of goals: A practice-friendly review. In M. Cooper & D. Law (Eds.), *Working with goals in counselling and psychotherapy* (pp. 35–71). Oxford University Press.

Cox, W. M., Fadardi, J. S., & Pothos, E. M. (2006). The addiction-Stroop test: Theoretical considerations and procedural recommendations.

Psychological Bulletin, 132, 443–476.

Durazzo, T. C., Mon, A., Gazdzinski, S., Yeh, P., & Meyerhoff, D. J. (2015). Serial longitudinal magnetic resonance imaging data indicate non-linear regional gray matter volume recovery in abstinent alcohol-dependent individuals. *Addiction Biology*, 20(5), 956–967.

Klinger, E., & Cox, W. M. (2011). Motivation and the goal theory of current concerns. In W. M. Cox & E. Klinger (Eds.), *Handbook of motivational counseling* (2nd ed., pp. 3–47). Wiley-Blackwell.

Nixon, S. J., & Lewis, B. (2020). Brain structure and function in recovery. *Alcohol Research: Current Reviews*, 40(3), 2–16.

Peele, S. (1992). Alcoholism, politics, and bureaucracy: The consensus against controlled-drinking therapy in America. *Addictive Behaviors*, 17, 49–62.

Pelagatti, C., Binda, P., & Vannucci, M. (2020, in press). A closer look at the time-course of mind wandering: Pupillary responses and behaviour. *PLoS ONE*, 15(4), 17.

Pollard, M. S., et al. (2020, September 29). Changes in adult alcohol use and consequences during the COVID-19 pandemic in the US.

Volkow, N. D., Koob, G. F., & McLellan, A. T. (2016). Neurobiologic advances from the brain disease model of addiction. *New England Journal of Medicine*, 374, 363–371.

Witkiewitz, K., Pearson, M. R., Wilson, A. D., Stein, E. R., Votaw, V. R., Hallgren, K. A., Maisto, S. A., Swan, J. E., Schwebel, F. J., Aldridge, A., Zarkin, G. A., & Tucker, J. A. (2020). Can alcohol use disorder recovery include some heavy drinking? A replication and extension up to 9 years following treatment. *Alcoholism: Clinical and Experimental Research*, 44(9), 1862–1874.

第3章　酒对身体的影响

Berridge, K. C., & Robinson, T. E. (2016). Liking, wanting, and the incentive-sensitization theory of addiction. *American Psychologist*, 71(8), 670–679.

Chapman, L. F. (1970). Experimental induction of hangover. *Quarterly Journal of Studies on Alcohol, Supplement*, 5, 67–86.

Cox, W. M., Fadardi, J. S., & Pothos, E. M. (2006). The addiction Stroop test: Theoretical considerations and procedural recommendations. *Psychological Bulletin*, 132(3), 443–476.

Edenberg, H. J. (2007). The genetics of alcohol metabolism: Role of alcohol dehydrogenase and aldehyde dehydrogenase variants. *Alcohol Research & Health*, 30(1), 5–13.

Fan, A. Z., Ruan, W. J., & Chou, S. P. (2019). Re-examining the relationship between alcohol consumption and coronary heart disease with a new lens. *Preventive Medicine: An International Journal Devoted to Practice and Theory*, 118, 336–343.

Field, M., & Cox, W. M. (2008). Attentional bias in *Addictive Behaviors*: A review of its development, causes, and consequences. *Drug and Alcohol Dependence*, 97(1–2), 1–20.

Global status report on alcohol and health 2018. (2018, September 27). World Health Organization (WHO), 78, 126.

Gonçalves, P. D., Smith, T. L., Anthenelli, R. M., Danko, G., & Schuckit, M. A. (2018). Alcohol related blackouts among college students: Impact of low level of response to alcohol, ethnicity, sex, and environmental characteristics. *Revista Brasileira De Psiquiatria*, 40(2), 128–137.

Gupta, K. K., Gupta, V. K., & Shirasaka, T. (2016). An update on fetal alcohol syndrome — Pathogenesis, risks, and treatment. *Alcoholism: Clinical and Experimental Research*, 40(8), 1594–1602.

Haalboom, R., van Aken, L., Walvoort, S. J. W., Egger, J. I. M., & Kessels, R. P. C. (2019). Preserved intellectual functioning in Korsakoff 's Syndrome? Actual and premorbid intelligence in patients with major or mild alcohol-related cognitive disorder. *Journal of Substance Use*, 24, 532–538.

Hermens, D. F., & Lagopoulos, J. (2018). Binge drinking and the young brain: A mini review of the neurobiological underpinnings of alcohol-induced blackout. Frontiers in Psychology, 9, 7.

Kesmodel, U. S., Nygaard, S. S., Mortensen, E. L., Bertrand, J., Denny, C. H., Glidewell, A., & Astley Hemingway, S. (2019). Are low-to-moderate average alcohol consumption and isolated episodes of binge drinking in early pregnancy associated with facial features related to fetal alcohol syndrome in 5-year-old children? *Alcoholism: Clinical and Experimental Research*, 43(6), 1199–1212.

Marino, E. N., & Fromme, K. (2018). Alcohol-induced blackouts, subjective intoxication, and motivation to decrease drinking: Prospective examination of the transition out of college. *Addictive Behaviors*, 80, 89–94.

Rock, C. L., Thomson, C., Gansler, T., Gapstur, S. M., McCullough, M. L., Patel, A. V., Andrews, K. S., Bandera, E. V., Spees, C. K., Robien, K., Hartman, S., Sullivan, K., Grant, B. L., Hamilton, K. K., Kushi, L. H., Caan, B. J., Kibbe, D., Black, J. D., Wiedt, T. L., ... Doyle, C. (2020). American Cancer Society guideline for diet and physical activity for cancer prevention. *CA: A Cancer Journal for Clinicians*, 70(4), 245–271.

Roerecke, M., & Rehm, J. (2014). Alcohol consumption, drinking patterns, and ischemic heart disease: A narrative review of meta-analyses and a systematic review and meta-analysis of the impact of heavy drinking occasions on risk for moderate drinkers. *BMC Medicine*, 12, 1–11.

Rohsenow, D. J., Howland, J., Arnedt, J. T., Almeida, A. B., Greece, J., Minsky, S., Kempler, C. S., & Sales, S. (2010). Intoxication with bourbon versus vodka: Effects on hangover, sleep, and next-day neurocognitive performance in young adults. *Alcoholism: Clinical and Experimental Research*, 34(3), 509–518.

Wetherill, R. R., & Fromme, K. (2016). Alcohol-induced blackouts: A review of recent clinical research with practical implications and recommendations for future studies. *Alcoholism: Clinical and Experimental Research*, 40(5), 922–935.

Wilhite, E. R., & Fromme, K. (2015). Alcohol-induced blackouts and other negative outcomes during the transition out of college. *Journal of Studies on Alcohol and Drugs*, 76(4), 516–524.

Williams, R., Alexander, G., Armstrong, I., Baker, A., Bhala, N., Camps-Walsh, G., Cramp, M. E., de Lusignan, S., Day, N., Dhawan, A., Dillon, J., Drummond, C., Dyson, J., Foster, G., Gilmore, I., Hudson, M., Kelly, D., Langford, A., McDougall, N., … Yeoman, A. (2018). Disease burden and costs from excess alcohol consumption, obesity, and viral hepatitis: Fourth report of The Lancet, Standing Commission on Liver Disease in the UK. *The Lancet,*, 391(10125), 1097–1107.

第 4 章　酗酒的遗传因素

Babor, T. F., Hofmann, M., DelBoca, F. K., Hesselbrock, V. M., Meyer, R. E., Dolinsky, Z. S., & Rounsaville, B. (1992). Types of alcoholics:

I. evidence for an empirically derived typology based on indicators of vulnerability and severity. *Archives of General Psychiatry*, 49(8), 599–608.

Bohman, M. (1978). Some genetic aspects of alcoholism and criminality. *Archives of General Psychiatry*, 35(3), 269–276.

Bohman, M., Sigvardsson, S., & Cloninger, R. (1981). Maternal inheritance of alcohol abuse: Cross-fostering analysis of adopted women. *Archives of General Psychiatry*, 38(9), 965–969.

Bynum, W. F. (1984). Alcoholism and degeneration in 19th Century European medicine and psychiatry. *British Journal of Addiction*, 79(1), 59–70.

Cadoret, R. J. (1995). Adoption studies. Alcohol, Health & Research World, 19(3), 195–200.

Cadoret, R. J., & Gath, A. (1978). Inheritance of alcoholism in adoptees. *British Journal of Psychiatry*, 132, 252–258.

Cadoret, R. J., Troughton, E., & O'Gorman, T. W. (1987). Genetic and environmental factors in alcohol abuse and antisocial personality. *Journal of Studies on Alcohol*, 48(1), 1–8.

Cloninger, C. R. (1987). Neurogenetic adaptive mechanisms alcoholism. *Science*, 236(4800), 410–416.

Cloninger, C. R., Bohman, M., & Sigvardsson, S. (1981). Inheritance of alcohol abuse: Cross-fostering analysis of adopted men. *Archives of General*

Psychiatry, 38(8), 861–868.

Cloninger, C. R., Sigvardsson, S., & Bohman, M. (1988). Childhood personality predicts alcohol abuse in young adults. *Alcoholism: Clinical and Experimental Research*, 12(4), 494–505.

Cloninger, C. R., Sigvardsson, S., & Bohman, M. (1996). Type I and Type II alcoholism: An update. *Alcohol Health & Research World*, 20(1), 18–23.

Conger, J. J. (1956). Alcoholism: Theory, problem and challenge. II. Reinforcement theory and the dynamics of alcoholism. *Quarterly Journal of Studies on Alcohol*, 17, 296–305.

Conrod, P. J., Pihl, R. O., & Ditto, B. (1995). Autonomic reactivity and alcohol-induced dampening in men at risk for alcoholism and men at risk for hypertension. *Alcoholism: Clinical and Experimental Research*, 19(2), 482–489.

Cotton, N. S. (1979). The familial incidence of alcoholism: A review. *Journal of Studies on Alcohol*, 40(1), 89–116.

Croissant, B., & Olbrich, R. (2004). Stress response dampening indexed by cortisol in subjects at risk for alcoholism. *Journal of Studies on Alcohol*, 65(6), 701–707.

Edenberg, H. J. (2007). The genetics of alcohol metabolism: Role of alcohol dehydrogenase and aldehyde dehydrogenase variants. *Alcohol Research &*

Health, 30(1), 5–13.

Finn, P. R., & Pihl, R. O. (1987). Men at high risk for alcoholism: The effect of alcohol on cardiovascular response to unavoidable shock. *Journal of Abnormal Psychology*, 96(3), 230–236.

Finn, P. R., & Pihl, R. O. (1988). Risk for alcoholism: A comparison between two different groups of sons of alcoholics on cardiovascular reactivity and sensitivity to alcohol. *Alcoholism: Clinical and Experimental Research*, 12(6), 742–747.

Finn, P. R., Zeitouni, N. C., & Pihl, R. O. (1990). Effects of alcohol on psychophysiological hyperreactivity to nonaversive and aversive stimuli in men at high risk for alcoholism. *Journal of Abnormal Psychology*, 99(1), 79–85.

Goodwin, D. W. (1990). Genetic determinants of reinforcement from alcohol. In W. M. Cox (Ed.), *Why people drink: Parameters of alcohol as a reinforcer* (pp. 37–50). Amereon Press.

Goodwin, D. W., Schulsinger, F., Hermansen, L., Guze, S. B., & Winokur, G. (1973). Alcohol problems in adoptees raised apart from alcoholic biological parents. *Archives of General Psychiatry*, 28, 238–243.

Goodwin, D. W., Schulsinger, F., Moller, N., et al. (1974). Drinking problems in adopted and nonadopted sons of alcoholics. *Archives of General Psychiatry*, 31(2), 164–169.

Goodwin, D. W., Schulsinger, F., Knop, J., Mednick, S., & Guze, S. B. (1977). Alcoholism and depression in adopted-out daughters of alcoholics. *Archives of General Psychiatry*, 34(7), 751–755.

Heath, A. C. (1995). Genetic influences on alcoholism risk: A review of adoption and twin studies. *Alcohol Health & Research World*, 19(3), 166–171.

Hesselbrock, V. M., & Hesselbrock, M. N. (2006). Are there empirically supported and clinically useful subtypes of alcohol dependence? *Addiction*, 101, 97–103.

Kaij, L. (1960a). *Alcoholism in twins: Studies on etiology and sequels of abuse of alcohol*. Almqvist and Wiksell International.

Kaij, L. (1960b). *Studies on the etiology and sequels of abuse of alcohol*. University of Lund, Department of Psychiatry.

Levenson, R. W., Sher, K. J., Grossman, L. M., Newman, J., & Newlin, D. B. (1980). Alcohol and stress response dampening: Pharmacological effects, expectancy, and tension reduction. *Journal of Abnormal Psychology*, 89(4), 528–538.

Levenson, R. W., Oyama, O. N., & Meek, P. S. (1987). Greater reinforcement from alcohol for those at risk: Parental risk, personality risk, and sex. *Journal of Abnormal Psychology*, 96(3), 242–253.

Newlin, D. B., & Thomson, J. B. (1990). Alcohol challenge with sons of alcoholics: A critical review and analysis. *Psychological Bulletin*, 108(3),

383–402.

Quinn, P. D., & Fromme, K. (2011). Subjective response to alcohol challenge: A quantitative review. *Alcoholism: Clinical and Experimental Research*, 35(10), 1759–1770.

Sayette, M. A., Breslin, F. C., Wilson, G. T., & Rosenblum, G. D. (1994). Parental history of alcohol abuse and the effects of alcohol and expectations of intoxication on social stress. *Journal of Studies on Alcohol*, 55(2), 214–223.

Schuckit, M. A. (1980). Self-rating of alcohol intoxication by young men with and without family histories of alcoholism. *Journal of Studies on Alcohol*, 41(3), 242–249.

Schuckit, M. A. (1985). Ethanol-induced changes in body sway in men at high alcoholism risk. *Archives of General Psychiatry*, 42(4), 375–379.

Schuckit, M. A. (1987). Biological vulnerability to alcoholism. Journal of Consulting and Clinical Psychology, 55(3), 301–309.

Schuckit, M. A. (1988). Reactions to alcohol in sons of alcoholics and controls. *Alcoholism: Clinical and Experimental Research*, 12(4), 465–470.

Schuckit, M. A. (1994). Low level of response to alcohol as a predictor of future alcoholism. *American Journal of Psychiatry*, 151(2), 184–189.

Schuckit, M. A., & Gold, E. O. (1988). A simultaneous evaluation of multiple markers of ethanol/placebo challenges in sons of alcoholics and controls. *Archives of General Psychiatry*, 45(3), 211–216.

Schuckit, M. A., & Smith, T. L. (1996). An 8-year followup of 450 sons of alcoholic and control subjects. *Archives of General Psychiatry*, 53(3), 202–210.

Schuckit, M. A., & Smith, T. L. (2000). The relationships of a family history of alcohol dependence, a low level of response to alcohol and six domains of life functioning to the development of alcohol use disorders. *Journal of Studies on Alcohol*, 61(6), 827–835.

Schuckit, M. A., & Smith, T. L. (2001). The clinical course of alcohol dependence associated with a low level of response to alcohol. *Addiction*, 96(6), 903–910.

Schuckit, M. A., Gold, E., & Risch, S. C. (1987). Serum prolactin levels in sons of alcoholics and control subjects. *American Journal of Psychiatry*, 144(7), 854–859.

Schuckit, M. A., Risch, S. C., & Gold, E. O. (1988). Alcohol consumption, ACTH level, and family history of alcoholism. *American Journal of Psychiatry*, 145(11), 1391–1395.

Schuckit, M. A., Smith, T. L., Danko, G. P., Pierson, J., Hesselbrock, V., Bucholz, K. K., Kramer, J., Kuperman, S., Dietiker, C., Brandon, R., & Chan, G. (2007). The ability of the self-rating of the effects of alcohol (SRE) scale to predict alcohol-related outcomes five years later. Journal of Studies on Alcohol and Drugs, 68(3), 371–378.

Sher, K. J., & Levenson, R. W. (1982). Risk for alcoholism and individual differences in the stressresponse-dampening effect of alcohol. *Journal of Abnormal Psychology*, 91(5), 350–367.

Stewart, S. H., Finn, P. R., & Pihl, R. O. (1992). The effects of alcohol on the cardiovascular stress response in men at high risk for alcoholism: A dose response study. *Journal of Studies on Alcohol*, 53(5), 499–506.

Trim, R. S., Schuckit, M. A., & Smith, T. L. (2009). The relationships of the level of response to alcohol and additional characteristics to alcohol use disorders across adulthood: A discretetime survival analysis. *Alcoholism: Clinical and Experimental Research*, 33(9), 1562–1570.

Verhulst, B., Neale, M. C., & Kendler, K. S. (2015). The heritability of alcohol use disorders: A meta-analysis of twin and adoption studies. *Psychological Medicine*, 45(5), 1061–1072.

Walters, R. K., Polimanti, R., Johnson, E. C., Mcclintick, J. N., Adams, M. J., Adkins, A. E., Aliev, F., Bacanu, S., Batzler, A., Bertelsen, S., Biernacka, J. M., Bigdeli, T. B., Chen, L., Clarke, T., Chou, Y., Degenhardt, F., Docherty, A. R., Edwards, A. C., Fontanillas, P., et al. (2018). Transancestral GWAS of alcohol dependence reveals common genetic underpinnings with psychiatric disorders. *Nature Neuroscience*, 21(12), 1656–1669.

Zimmermann, U., Spring, K., Kunz-Ebrecht, S., Uhr, M., Wittchen, H., & Holsboer, F. (2004). Effect of ethanol on hypothalamic-pituitary-adrenal system response to psychosocial stress in sons of alcohol-dependent fathers. *Neuropsychopharmacology*, 29(6), 1156–1165.

第5章 性格与饮酒行为

Bertelsen, P., & Ozer, S. (2020). Grip on Life as a possible antecedent for self-control beliefs interacts with well-being and perceived stress. *Scandinavian Journal of Psychology*, 62(2), 185–192.

Carbia, C., Montserrat, C., Doalloa, S., & Caamaño-Isorna, F. (2018). The dual-process model in young adults with a consistent binge drinking trajectory into adulthood. *Drug and Alcohol Dependence*, 186, 113–119.

Cox, W. M. (1979). The alcoholic personality: A review of the evidence. In B. A. Maher (Ed.), *Progress in experimental personality research* (Vol. 9). Academic.

Cox, W. M. (Ed.). (1983). *Identifying and measuring alcoholic personality characteristics*. Jossey-Bass.

Cox, W. M., & Klinger, E. (1987). Research on the personality correlates of alcohol use: Its impact on personality and motivational theory. *Drugs & Society: Drug Use and Psychological Theory*, 1, 61–83.

Grazioli, V., Studer, J., Larimer, M. E., Lewis, M. A., Bertholet, N., Marmet, S., Daeppen, J.-B., & Gmel, G. (2021). Protective behavioral strategies and alcohol outcomes: Impact of mood and personality disorders.

Addictive Behaviors, 112, 10.

Hamilton, H. R., Armeli, S., & Tennen, H. (2020). Affect and alcohol: The moderating role of episode-specific drinking motives. *Addictive Behaviors*, 110, 8.

Heggeness, L. F., Lechner, W. V., & Ciesla, J. A. (2019). Coping via substance use, internal attribution bias, and their depressive interplay: Findings from a three-week daily diary study using a clinical sample. *Addictive Behaviors*, 89, 70–77.

Heggeness, L. F., Bean, C. A. L., Kalmbach, D. A., & Ciesla, J. A. (2020). Cognitive risk, coping oriented substance use, and increased avoidance tendencies among depressed outpatients: A prospective investigation. Journal of Clinical Psychology, 76(12), 2249–2263.

Heggeness, L. F., Paulus, D. J., Vidaurri, D. N., Franklin, C. L., & Raines, A. M. (2021). Depressive symptomatology and alcohol misuse among treatment-seeking military veterans: Indirect associations via ruminative thinking. *Addictive Behaviors*, 112, 6.

Jones, D. R., Allen, H. K., Lanza, S. T., & Graham-Engeland, J. E. (2021). Daily associations between affect and alcohol use among adults: The importance of affective arousal. *Addictive Behaviors*, 112, 5.

Klinger, E. (1975). Consequences of commitment to and disengagement from incentives. *Psychological Review*, 82, 1–25.

Klinger, E. (1977). Meaning and void: Inner experience and the incentives in people's lives. University of Minnesota Press.

Klinger, E. (2012). The search for meaning in evolutionary perspective and its clinical implications. In P. T. P. Wong (Ed.), *The human quest for meaning: Theories, research, and applications* (2nd ed., pp. 23–56). Routledge.

Klinger, E. (2013). Goal commitments and the content of thoughts and dreams: Basic principles. *Frontiers in Psychology*, 4, 17.

Kuendig, H., & Kuntsche, E. (2013). Beyond personality—Experimental investigations of the effects of personality traits on in situ alcohol consumption in social and solitary drinking contexts. *Addictive Behaviors*, 38, 1635–1638.

Litt, D. M., Rodriguez, L. M., & Stewart, S. H. (2021). Examining associations between social networking site alcohol-specific social norms, posting behavior, and drinking to cope during the COVID-19 pandemic. *Cyberpsychology, Behavior, and Social Networking.*

Littlefeld, A. K., & Sher, K. J. (2016). Personality and substance use disorders. In K. J. Sher (Ed.), *The Oxford handbook of substance use and substance use disorders* (Vol. 1, pp. 351–374). Oxford University Press.

Orui, K., Frohlich, J. R., Stewart, S. H., et al. (2020). Examining subgroups of depression and alcohol misuse in emerging adults during university: A replication and extension study. *International Journal of Mental*

Health and Addiction.

Papousek, I., Paechter, M., Weiss, E. M., & Lackner, H. K. (2017). The tendency to ruminate and the dynamics of heart rate recovery after an ordinary, mildly stressful performance situation. *Personality and Individual Differences*, 104, 150–154.

Peele, S. (1992). Alcoholism, politics, and bureaucracy: The consensus against controlled-drinking therapy in America. *Addictive Behaviors*, 17, 49–62.

Pollard, M. S., et al. (2020, September 29). Changes in adult alcohol use and consequences during the COVID-19 pandemic in the U.S.

Rock, C. L., Thomson, C., Gansler, T., Gapstur, S. M., McCullough, M. L., Patel, A. V., Andrews, K. S., Bandera, E. V., Spees, C. K., Robien, K., Hartman, S., Sullivan, K., Grant, B. L., Hamilton, K. K., Kushi, L. H., Caan, B. J., Kibbe, D., Black, J. D., Wiedt, T. L., … Doyle, C. (2020). American Cancer Society guideline for diet and physical activity for cancer prevention. *CA: A Cancer Journal for Clinicians*, 70(4), 245–271.

Rudenstine, S., Espinosa, A., & Kumar, A. (2020). Depression and anxiety subgroups across alcohol use disorder and substance use in a national epidemiologic study. *Journal of Dual Diagnosis,* 16(3), 299–311.

Russell, M. A., Linden-Carmichael, A. N., Lanza, S. T., Fair, E. V., Sher, K. J., & Piasecki, T. M. (2020). Affect relative to day-level drinking initiation:

Analyzing ecological momentary assessment data with multilevel spline modeling. Journal of *Addictive Behaviors*, 34, 3.

Sevcikova, M., Maslej, M. M., Stipl, J., Andrews, P. W., Pastrnak, M., Vechetova, G., Bartoskova, M., & Preiss, M. (2020). Testing the analytical rumination hypothesis: Exploring the longitudinal effects of problem solving analysis on depression. *Frontiers in Psychology.*

Sher, K. J., Grekin, E. R., & Williams, N. A. (2005). The development of alcohol use disorders. *Annual Review of Clinical Psychology*, 1, 493–523.

Sobell, L. C., Ellingstad, T. P., & Sobell, M. B. (2000). Natural recovery from alcohol and drug problems: Methodological review of the research with suggestions for future directions. *Addiction*, 95(5), 749–764.

Strickland, J. C., & Johnson, M. W. (2020). Rejecting impulsivity as a psychological construct: A theoretical, empirical, and sociocultural argument. *Psychological Review*, 128(2), 336–361.

Treynor, W., Gonzalez, R., & Nolen-Hoeksema, S. (2003). Rumination reconsidered: A psychometric analysis. *Cognitive Therapy and Research*, 27(3), 247–259.

Wardell, J. D., Kempe, T., Rapinda, K. K., Single, A., Bilevicius, E., Frohlich, J. R., Hendershot, C. S., & Keough, M. T. (2020). Drinking to cope during COVID-19 pandemic: The role of external and internal factors in coping motive pathways to alcohol use, solitary drinking, and alcohol problems. *Alcoholism: Clinical and Experimental Research*, 44(10), 2073–2083.

Winograd, R. P., Steinley, D., Lane, S. P., & Sher, K. J. (2017). An experimental investigation of drunk personality using self and observer reports. *Clinical Psychological Science*, 5(3), 439–456.

Zoccola, P. M., & Dickerson, S. S. (2015). Extending the recovery window: Effects of trait rumination on subsequent evening cortisol following a laboratory performance stressor. *Psychoneuroendocrinology*, 58, 67–78.

Zoccola, P. M., Dickerson, S. S., & Zaldivar, F. P. (2008). Rumination and cortisol responses to laboratory stressors. *Psychosomatic Medicine*, 70, 661–667.

第6章 社会文化环境对饮酒行为的影响

Alcohol: No ordinary commodity—A summary of the second edition. (2010). *Addiction*, 105(5), 769–779.

Anderson, P. (2007). A safe, sensible and social AHRSE: New labour and alcohol policy. *Addiction*, 102(10), 1515–1521.

Anderson, P., de Bruijn, A., Angus, K., Gordon, R., & Hastings, G. (2009). Impact of alcohol advertising and media exposure on adolescent alcohol use: A systematic review of longitudinal studies. *Alcohol and Alcoholism*, 44(3), 229–243.

Andréasson, S., Holder, H. D., Norström, T., Österberg, E., & Rossow, I. (2006). Estimates of harm associated with changes in Swedish alcohol policy: Results from past and present estimates. *Addiction*, 101(8), 1096–1105.

Asciutto, R., Lugo, A., Pacifci, R., Colombo, P., Rota, M., La Vecchia, C., & Gallus, S. (2016). The particular story of Italians' relation with alcohol: Trends in individuals' consumption by age and beverage type. *Alcohol and Alcoholism*, 51(3), 347–353.

Bloomfeld, K., Stockwell, T., Gmel, G., & Rehn, N. (2003). International comparisons of alcohol consumption. *Alcohol Research & Health*, 27(1), 95–109.

Campbell, C. A., Hahn, R. A., Elder, R., Brewer, R., Chattopadhyay, S., Fielding, J., Naimi, T. S., Toomey, T., Lawrence, B., & Middleton, J. C. (2009). The effectiveness of limiting alcohol outlet density as a means of reducing excessive alcohol consumption and alcohol-related harms. *American Journal of Preventive Medicine*, 37(6), 556–569.

Caudill, B. D., & Marlatt, G. A. (1975). Modeling influences in social drinking: An experimental analogue. Journal of Consulting and Clinical Psychology, 43(3), 405–415.

Chipperfeld, B., & Vogel-Sprott, M. (1988). Family history of problem drinking among young male social drinkers: Modeling effects on alcohol consumption. *Journal of Abnormal Psychology*, 97(4), 423–428.

Elder, R. W., Lawrence, B., Ferguson, A., Naimi, T. S., Brewer, R. D., Chattopadhyay, S. K., Toomey, T. L., & Fielding, J. E. (2010). The effectiveness of tax policy interventions for reducing excessive alcohol consumption and related harms. *American Journal of Preventive Medicine*, 38(2), 217–229.

Engdahl, B., & Ramstedt, M. (2011). Is the population level link between drinking and harm similar for women and men? A time series analysis with focus on gender-specific drinking and alcohol-related hospitalizations in Sweden. *European Journal of Public Health*, 21(4), 432–437.

Fischer, M., Wetherill, L. F., Carr, L. G., You, M., & Crabb, D. W. (2007). Association of the aldehyde dehydrogenase 2 promoter polymorphism with alcohol consumption and reactions in an American Jewish population. Alcoholism: *Clinical and Experimental Research*, 31(10), 1654–1659.

Gee, S., Jackson, S. J., & Sam, M. (2013, August). The culture of alcohol promotion and consumption at major sports events *in New Zealand: Research report commissioned by the Health Promotion Agency*. Wellington: Health Promotion Agency.

Gilman, S. L. (2006). Alcohol and the Jews (again), race and medicine (again): On race and medicine in historical perspective. *Patterns of Prejudice*, 40(4–5), 335–352.

Global status report on alcohol and health 2018. (2018, September 27).

World Health Organization (WHO).

Hamilton, K., Gibbs, I., Keech, J. J., & Hagger, M. S. (2020). Reasoned and implicit processes in heavy episodic drinking: An integrated dual-process model. *British Journal of Health Psychology*, 25(1), 189–209.

Heather, N. (2006). Britain's alcohol problem and what the UK government is (and is not) doing about it. *Adicciones*, 18(3), 225–234.

Holder, H. (2003). Population drinking and alcohol harm: What these Canadian analyses tell us. *Addiction*, 98(7), 865–866.

Laghi, F., Baiocco, R., Lonigro, A., & Baumgartner, E. (2013). Exploring the relationship between identity status development and alcohol consumption among Italian adolescents. The Journal of Psychology: Interdisciplinary and Applied, 147(3), 277–292.

Leon, D. E., & McCambridge, J. (2006). Liver cirrhosis mortality rates in Britain from 1950 to 2002: An analysis of routine data. *The Lancet,* 367(9504), 52–56.

Linde, A. C., Toomey, T. L., Wolfson, J., Lenk, K. M., Jones-Webb, R., & Erickson, D. J. (2016). Associations between responsible beverage service laws and binge drinking and alcohol impaired driving. *Journal of Alcohol and Drug Education*, 60(2), 35–54.

Linden-Carmichael, A. N., Vasilenko, S. A., Lanza, S. T., & Maggs, J. L. (2017). High-intensity drinking versus heavy episodic drinking: Prevalence rates and relative odds of alcohol use disorder across adulthood. *Alcoholism: Clinical and Experimental Research*, 41(10), 1754–1759.

Luczak, S. E., Shea, S. H., Carr, L. G., Li, T., & Wall, T. L. (2002). Binge drinking in Jewish and non-Jewish white college students. *Alcoholism, Clinical and Experimental Research,* 26(12), 1773–1778.

Lui, P. P., & Zamboanga, B. L. (2019). Ethnocultural diversity in alcohol use and misuse. *American Journal of Orthopsychiatry*, 89(5), 543–548.

MacAndrew, C., & Edgerton, R. B. (1969). *Drunken comportment: A social explanation.* Aldine.

Meyers, J. L., Shmulewitz, D., Wall, M. M., Keyes, K. M., Aharonovich, E., Spivak, B., Weizman, A., Frisch, A., Edenberg, H. J., Gelernter, J., Grant, B. F., & Hasin, D. (2015). Childhood adversity moderates the effect of ADH1B on risk for alcohol-related phenotypes in Jewish Israeli drinkers. *Addiction Biology*, 20(1), 205–214.

Monteiro, M. G., Babor, T. F., Jernigan, D., & Brookes, C. (2017). Alcohol marketing regulation: From research to public policy. *Addiction*, 112, 3–6.

Niederdeppe, J., Avery, R. J., Tabor, E., Lee, N. W., Welch, B., & Skurka, C. (2021). Estimated televised alcohol advertising exposure in the past year and associations with past 30-day drinking behavior among American adults: Results from a secondary analysis of large-scale advertising and survey.

Addiction, 116(2), 280–289.

Norman, P., & Wrona-Clarke, A. (2016). Combining self-affirmation and implementation intentions to reduce heavy episodic drinking in university students. *Psychology of Addictive Behaviors*, 30(4), 434–441.

Popova, S., Giesbrecht, N., Bekmuradov, D., & Patra, J. (2009). Hours and days of sale and density of alcohol outlets: Impacts on alcohol consumption and damage: A systematic review. *Alcohol and Alcoholism*, 44(5), 500–516.

Probst, C., Manthey, J., & Rehm, J. (2017). Understanding the prevalence of lifetime abstinence from alcohol: An ecological study. Drug and Alcohol Dependence, 178, 126–129. Raninen, J., & Livingston, M. (2020). The theory of collectivity of drinking cultures: How alcohol became everyone's problem. *Addiction*, 115(9), 1773–1776.

Scherer, M., Fell, J. C., Thomas, S., & Voas, R. B. (2015). Effects of dram shop, responsible beverage service training, and state alcohol control laws on underage drinking driver fatal crash ratios. *Traffic Injury Prevention*, 16(supplement 2), S59–S65.

Shea, S. H., Wall, T. L., Carr, L. G., & Li, T.K. (2001). ADH2 and alcohol-related phenotypes in Ashkenazic Jewish American college students. *Behavior Genetics*, 31, 231–239.

Skewes, M. C., & Blume, A. W. (2019). Understanding the link between racial trauma and substance use among American Indians. *American Psychologist*, 74(1), 88–100.

Skog, O. (1985). The collectivity of drinking cultures: A theory of the distribution of alcohol consumption. *British Journal of Addiction*, 80(1), 83–99.

Skog, O. (2001). Commentary on Gmel & Rehm's interpretation of the theory of collectivity of drinking culture. *Drug and Alcohol Review*, 20(3), 325–331.

Spivak, B., Frisch, A., Maman, Z., Aharonovich, E., Alderson, D., Carr, L. G., Weizman, A., & Hasin, D. (2007). Effect of ADH1B genotype on alcohol consumption in young Israeli Jews. *Alcoholism: Clinical and Experimental Research*, 31(8), 1297–1301.

Svensson, J., & Landberg, J. (2013). Is youth violence temporally related to alcohol? A time-series analysis of binge drinking, youth violence and total alcohol consumption in Sweden. *Alcohol and Alcoholism*, 48(5), 598–604.

Tahaney, K. D., & Palfai, T. P. (2018). Working memory moderates the association between perceived norms and heavy episodic drinking among college students. *Addictive Behaviors*, 81, 46–49.

Toumbourou, J. W., Stockwell, T., Neighbors, C., Marlatt, G. A., Sturge, J., & Rehm, J. (2007). Interventions to reduce harm associated with adolescent substance use. *The Lancet,*, 369(9570), 1391–1401.

Wagenaar, A. C., Salois, M. J., & Komro, K. A. (2009). Effects of beverage alcohol price and tax levels on drinking: A meta-analysis of 1003 estimates from 112 studies. *Addiction*, 104(2), 179–190.

Wagenaar, A. C., Tobler, A. L., & Komro, K. A. (2010). Effects of alcohol tax and price policies on morbidity and mortality: A systematic review. *American Journal of Public Health*, 100(11), 2270–2278.

Wall, T. L., Shea, S. H., Luczak, S. E., Cook, T. A. R., & Carr, L. G. (2005). Genetic associations of alcohol dehydrogenase with alcohol use disorders and endophenotypes in white college students. *Journal of Abnormal Psychology*, 114(3), 456–465.

White, V., Azar, D., Faulkner, A., Coomber, K., Durkin, S., Livingston, M., Chikritzhs, T., Room, R., & Wakefeld, M. (2017). Adolescents' exposure to paid alcohol advertising on television and their alcohol use: Exploring associations during a 13-year period. *Addiction*, 112(10), 1742–1751.

Xu, X., & Chaloupka, F. J. (2011). The effects of prices on alcohol use and its consequences. *Alcohol Research: Current Reviews*, 34(2), 236–245.

Zerhouni, O., Bègue, L., Duke, A. A., & Flaudias, V. (2016). Dynamic exposure to alcohol advertising in a sports context influences implicit attitudes. *Alcoholism: Clinical and Experimental Research*, 40(2), 422–428.

Zerhouni, O., Bègue, L., & O'Brien, K. S. (2019). How alcohol advertising and sponsorship works: Effects through indirect measures. *Drug and Alcohol Review*, 38(4), 391–398.

第 7 章 动机与期望对饮酒行为的影响

Bolton, J., Cox, B., Clara, I., & Sareen, J. (2006). Use of alcohol and drugs to self-medicate anxiety disorders in a nationally representative sample. *Journal of Nervous and Mental Disease*, 194(11), 818–825.

Brown, S. A., Goldman, M. S., Inn, A., & Anderson, L. R. (1980). Expectations of reinforcement from alcohol: Their domain and relation to drinking patterns. *Journal of Consulting and Clinical Psychology*, 48(4), 419–426.

Christiansen, B. A., Goldman, M. S., & Brown, S. A. (1985). The differential development of adolescent alcohol expectancies may predict adult alcoholism. *Addictive Behaviors*, 10(3), 299–306.

Christiansen, B. A., Smith, G. T., Roehling, P. V., & Goldman, M. S. (1989). Using alcohol expectancies to predict adolescent drinking behavior after one year. *Journal of Consulting and Clinical Psychology*, 57(1), 93–99.

Cooper, M. L. (1994). Motivations for alcohol use among adolescents: Development and validation of a four-factor model. *Psychological Assessment*, 6(2), 117–128.

Cooper, M. L., Russell, M., Skinner, J. B., & Windle, M. (1992). Development and validation of a three-dimensional measure of drinking motives. Psychological Assessment, 6, 117–128. Cox, W. M., & Klinger, E. (1988). A motivational model of alcohol use. *Journal of Abnormal Psychology*, 97, 168–180.

Cox, W. M., & Klinger, E. (2002). Motivational structure: Relationships with substance use and processes of change. *Addictive Behaviors*, 27, 925–940.

Cox, W. M., & Klinger, E. (2011). A motivational model of alcohol use: Determinants of use and change. In W. M. Cox & E. Klinger (Eds.), *Handbook of motivational counseling* (2nd ed., pp. 131–158). Wiley-Blackwell.

Cox, W. M., Hosier, S. G., Crossley, S., Kendall, B., & Roberts, K. L. (2006). Motives for drinking, alcohol consumption, and alcohol-related problems among British secondary-school and university students. *Addictive Behaviors*, 31(12), 2147–2157.

Dvorak, R. D., Kuvaas, N. J., Kilwein, T. M., Wray, T. B., Stevenson, B. L., & Sargent, E. M. (2016). Are drinking motives associated with sexual "hookups" among college student drinkers? *Journal of American College Health*, 64, 133–138.

Jester, J. M., Steinberg, D. B., Heitzeg, M. M., & Zucker, R. A. (2015a). Coping expectancies, not enhancement expectancies, mediate trauma experience effects on problem alcohol use: A prospective study from early childhood to adolescence. *Journal of Studies on Alcohol and Drugs*, 76(5),

781–789.

Jester, J. M., Wong, M. M., Cranford, J. A., Buu, A., Fitzgerald, H. E., & Zucker, R. A. (2015b). Alcohol expectancies in childhood: Change with the onset of drinking and ability to predict adolescent drunkenness and binge drinking. *Addiction*, 110, 71–79.

Kuntsche, E., & Kuntsche, S. (2018). Even in early childhood offspring alcohol expectancies correspond to parental drinking. *Drug and Alcohol Dependence*, 183, 51–54.

Kuntsche, S., & Kuntsche, E. (2021). Drinking to cope mediates the link between work-family conflict and alcohol use among mothers but not fathers of preschool children. *Addictive Behaviors*, 112, 5.

Nixon, S. J., & Lewis, B. (2020). Brain structure and function in recovery. *Alcohol Research: Current Reviews*, 40(3), 1–16.

Piasecki, T. M., Cooper, M. L., Wood, P. K., Sher, K. J., Shiffman, S., & Heath, A. C. (2014). Dispositional drinking motives: Associations with appraised alcohol effects and alcohol consumption in an ecological momentary assessment investigation. *Psychological Assessment*, 26(2), 363–369.

Puttler, L. I., Fitzgerald, H. E., Heitzeg, M. M., & Zucker, R. A. (2017). Boys, early risk factors for alcohol problems, and the development of the self: An interconnected matrix. *Infant Mental Health Journal*, 38(1), 83–96.

Santhanam, P., Coles, C. D., Li, Z., Li, L., Lynch, M. E., & Hu, X. (2011).

Default mode network dysfunction in adults with prenatal alcohol exposure. *Psychiatry Research: Neuroimaging*, 194(3), 354–362.

Simons, R. M., Hansen, J. M., Simons, J. S., Hovrud, L., & Hahn, A. M. (2021). Drunkorexia: Normative behavior or gateway to alcohol and eating pathology? *Addictive Behaviors*, 112, 8.

Smit, K., Voogt, C., Otten, R., Kleinjan, M., & Kuntsche, E. (2019). Exposure to parental alcohol use rather than parental drinking shapes offspring's alcohol expectancies. *Alcoholism: Clinical and Experimental Research*, 43(9), 1967–1977.

Smit, K., Voogt, C., Otten, R., Kleinjan, M., & Kuntsche, E. (2022). Why adolescents engage in early alcohol use: A study of drinking motives. *Experimental and Clinical Psychopharmacology*, 30(1), 73–81.

Smit, K., Kuntsche, E., Anderson-Luxford, D., & Labhart, F. (2021). Fun/intoxication pre-drinking motives lead indirectly to more alcohol-related consequences via increased alcohol consumption on a given night. *Addictive Behaviors*, 114, 6.

Smith, G. T., Goldman, M. S., Greenbaum, P. E., & Christiansen, B. A. (1995). Expectancy for social facilitation from drinking: The divergent paths of high-expectancy and low-expectancy adolescents. *Journal of Abnormal Psychology*, 104(1), 32–40.

Waddell, J. T., Sher, K. J., & Piasecki, T. M. (2021). Coping motives and negative affect: An ecological study of the antecedents of alcohol craving and alcohol use. *Psychology of Addictive Behaviors*, 35, 565–576.

Wicki, M., Mallett, K. A., Delgrande Jordan, M., Reavy, R., Turrisi, R., Archimi, A., & Kuntsche, E. (2018). Adolescents who experienced negative alcohol-related consequences are willing to experience these consequences again in the future. *Experimental and Clinical Psychopharmacology,* 26(2), 132–137.

第 8 章　通过改变动机控制饮酒

Alcoholics Anonymous: 2014 Membership Survey. (n.d.).

Burke, B. L., Arkowitz, H., & Menchola, M. (2003). The effcacy of motivational interviewing: A meta-analysis of controlled clinical trials. *Journal of Consulting and Clinical Psychology*, 71(5), 843–861.

Cheong, J., Lindstrom, K., Chandler, S. D., & Tucker, J. A. (2020). Utility of different dimensional properties of drinking practices to predict stable low-risk drinking outcomes of natural recovery attempts. *Addictive Behaviors*, 106, 6.

Chua, S. N., Philippe, F. L., & Bouizegarene, N. (2021). The association of autonomy support on memory need satisfaction and goal progress. Motivation and Emotion, 45(3), 265–279.

Cox, W. M., Fadardi, J. S., Hosier, S. G., & Pothos, E. M. (2015). Differential effects and temporal course of attentional and motivational training on excessive drinking. *Experimental and Clinical Psychopharmacology*, 23(6), 445–454.

Cox, W. M., & Klinger, E. (1988). A motivational model of alcohol use. *Journal of Abnormal Psychology*, 97, 168–180.

Cox, W. M., & Klinger, E. (2011a). A motivational model of alcohol use: Determinants of use and change. In W. M. Cox & E. Klinger (Eds.), *Handbook of motivational counseling: Goal-based approaches to assessment and intervention with addiction and other problems* (pp. 131–158). Wiley-Blackwell.

Cox, W. M., & Klinger, E. (2011b). Systematic motivational counseling: From motivational assessment to motivational change. In W. M. Cox & E. Klinger (Eds.), *Handbook of motivational counseling: Goal-based approaches to assessment and intervention with addiction and other problems* (pp. 275–302). Wiley-Blackwell.

Cox, W. M., & Klinger, E. (2011c). Measuring motivation: The Motivational Structure Questionnaire, Personal Concerns Inventory, and their variants. In W. M. Cox & E. Klinger (Eds.), *Handbook of motivational counseling: Goal-based approaches to assessment and intervention with addiction and other problems* (pp. 161–204). Wiley-Blackwell.

Cox, W. M., & Klinger, E. (Eds.). (2011d). *Handbook of motivational counseling: Goal-based approaches to assessment and intervention with addiction and other problems* (2nd ed.). Wiley-Blackwell.

Emmons, R. A., & Diener, E. (1986). A goal-affect analysis of everyday situational choices. *Journal of Research in Personality*, 20(3), 309–326.

Fadardi, J. S., & Cox, W. M. (2009). Reversing the sequence: Reducing alcohol consumption by overcoming alcohol attentional bias. *Drug and Alcohol Dependence*, 101, 137–145.

Feather, N. T. (Ed.). (1982). *Expectations and actions: Expectancy-value models in psychology.* Erlbaum.

Field, M., Heather, N., Murphy, J. G., Stafford, T., Tucker, J. A., & Witkiewitz, K. (2020). Recovery from addiction: Behavioral economics and value-based decision-making. Psychology of *Addictive Behaviors*, 34(1), 182–193.

Frost, H., Campbell, P., Maxwell, M., O'Carroll, R. E., Dombrowski, S. U., Williams, B., Cheyne, H., Coles, E., & Pollock, A. (2018). Effectiveness of motivational interviewing on adult behaviour change in health and social care settings: A systematic review of reviews. *PLoS ONE*, 13(10), 1–39.

Fuhrmann, A., Schroer, B. M., & Jong-Meyer, R. (2011). Systematic motivational counseling in groups: Promoting therapeutic change through client interaction. In W. M. Cox & E. Klinger (Eds.), *Handbook of motivational counseling: Goal-based approaches to assessment and intervention with addiction and other problems* (2nd ed., pp. 303–327). Wiley-Blackwell.

Getty, C., Morande, A., Lynskey, M., Weaver, T., & Metrebian, N. (2019). Mobile telephone delivered contingency management interventions promoting behaviour change in individuals with substance use disorders: A meta-analysis. *Addiction*, 114(11), 1915–1925.

Higgins, S. T., & Petry, N. M. (1999). Contingency management: Incentives for sobriety. *Alcohol Research & Health*, 23(2), 122–127.

Kaskutas, L. A. (2009). Alcoholics anonymous effectiveness: Faith meets science. *Journal of Addictive Diseases*, 28(2), 145–157.

Kip, A., & Evers, C. (2020). Let go and give in! Self-licensing and the role of competing motivations. *Motivation Science*, 6(4), 359–367.

Klinger, E. (1975). Consequences of commitment to and disengagement from incentives. *Psychological Review*, 82, 1–25.

Klinger, E. (1977). *Meaning and void: Inner experience and the incentives in people's lives.* University of Minnesota Press.

Klinger, E. (2012). The search for meaning in evolutionary perspective and its clinical implications. In P. T. P. Wong (Ed.), *The human quest for meaning: Theories, research, and applications* (2nd ed., pp. 23–56). Routledge.

Klinger, E., & Cox, W. M. (2011). Motivation and the goal theory of current concerns. In W. M. Cox & E. Klinger (Eds.), *Handbook of motivational counseling: Goal-based approaches to assessment and intervention with addiction and other problems* (pp. 3–47). Wiley-Blackwell.

Lenz, A. S., Rosenbaum, L., & Sheperis, D. (2016). Meta-analysis of randomized controlled trials of motivational enhancement therapy for reducing substance use. *Journal of Addictions & Offender Counseling*, 37(2), 66–86.

Lundahl, B., & Burke, B. L. (2009). The effectiveness and applicability of motivational interviewing: A practice-friendly review of four meta-analyses. *Journal of Clinical Psychology*, 65(11), 1232–1245.

Magill, M., Gaume, J., Apodaca, T. R., Walthers, J., Mastroleo, N. R., Borsari, B., & Longabaugh, R. (2014). The technical hypothesis of motivational interviewing: A meta-analysis of MI's key causal model. *Journal of Consulting and Clinical Psychology*, 82(6), 973–983.

Miller, W. R. (1983). Motivational interviewing with problem drinkers. *Behavioural Psychotherapy*, 11, 147–172.

Miller, W. R., & Rollnick, S. (1991). *Motivational interviewing: Preparing people to change addictive behaviour*. Guilford Press.

Miller, W. R., & Rollnick, S. (2002). *Motivational interviewing, preparing people to change addictive behavior* (2nd ed.). Guildford Press.

Miller, W. R., & Rollnick, S. (2013). *Motivational interviewing: Helping people change* (3rd ed.).

Moos, R. H., & Moos, B. S. (2005). Paths of entry into Alcoholics Anonymous: Consequences for participation and remission. *Alcoholism: Clinical and Experimental Research*, 29, 1858–1868.

Rose, A., & Jones, A. (2020). The pharmacological understandings of alcohol use and misuse. In D. Frings & I. P. Albery (Eds.), *Handbook of alcohol use: Understandings from synapse to society* (pp. 107–140). Elsevier/ Academic.

Ryan, F. (2013). *Cognitive therapy for addiction: Motivation and change*. Wiley-Blackwell.

Schroer, B. M., Fuhrmann, A., & de Jong-Meyer, R. (2004). Systematic motivational counseling in groups: Clarifying motivational structure during psychotherapy. In W. M. Cox & E. Klinger (Eds.), *Handbook of motivational counseling: Concepts, approaches, and assessment; handbook of motivational counseling: Concepts, approaches, and assessment* (pp. 239–258). Wiley.

Sobell, L. C., Sobell, M. B., Toneatto, T., & Leo, G. I. (1993). What triggers the resolution of alcohol problems without treatment? *Alcoholism: Clinical and Experimental Research*, 17(2), 217–224.

Tracey, S. W., Kelly, J. F., & Moos, R. H. (2005). The influence of partner status, relationship quality and relationship stability on outcomes following intensive substance-use disorder treatment. *Journal of Studies on Alcohol*, 66,

497–505.

Tucker, J. A., Vuchinich, R. E., Black, B. C., & Rippens, P. D. (2006). Signifcance of a behavioral economic index of reward value in predicting drinking problem resolution. *Journal of Consulting and Clinical Psychology*, 74(2), 317–326.

Van Eerde, W., & Thierry, H. (1996). Vroom's expectancy models and work-related criteria: A meta-analysis. *Journal of Applied Psychology*, 81, 575–586.

Vasilaki, E. I., Hosier, S. G., & Cox, W. M. (2006). The effcacy of motivational interviewing as a brief intervention for excessive drinking: A meta-analytic review. *Alcohol and Alcoholism*, 41(3), 328–335.

Volkow, N. D., Koob, G. F., & McLellan, A. T. (2016). Neurobiologic advances from the brain disease model of addiction. *New England Journal of Medicine*, 374, 363–371.